12 LEYES DE LOS GRANDES EMPRESARIOS

REGLAS DE ORO PARA CREAR NEGOCIOS EXITOSOS

SEGUNDA EDICIÓN 2016 AMPLIADA Y REVISADA

MAURICIO CHAVES MESÉN

PROLOGO A LA SEGUNDA EDICION

Timeless Wisdom Collection se complace en presentar la nueva edición 2016 de 12 LEYES DE LOS GRANDES EMPRESARIOS.

El éxito de la primera edición ha sido extraordinario: en menos de tres años el libro se ha convertido en un clásico entre los empresarios –tanto en su versión en español como en su versión en inglés-, pues es el testimonio sincero, lleno de verdades eternas y basado en la experiencia de un empresario como tantos en el mundo.

Con algunos ejemplos nuevos y actualizaciones, pero conservando todo el espíritu original y la franqueza de la primera edición, esta nueva versión promete seguir ayudando a miles que, como el autor, luchan cada día en el mundo de la empresa.

ACERCA DEL AUTOR

Mauricio Chaves es abogado por la Universidad de Costa Rica y Master en Administración de Negocios por Universidad de Costa Rica/National University de California.

Trabajó para el Banco Mundial y fue consultor para agencias de Naciones Unidas. Además, ha sido profesor universitario de maestrías en el tema de Globalización y Negocios Internacionales.

Por 15 años desde que fundó su primera empresa, ha estado involucrado en empresas grandes y pequeñas en hotelería, parques de atracciones, reforestación, y desarrollo inmobiliario.

Pero aparte de su espíritu empresarial, su más grande pasión es escribir. Ha escrito dos novelas y prepara la tercera y cuarta; así como dos libros sobre motivación; y ha traducido al español numerosos libros sobre éxito de reconocidos autores como Wallace D. Wattles, Orison Swett Marden y Napoleón Hill entre otros.

CONTENIDO

PROLOGO A LA SEGUNDA EDICION..3

ACERCA DEL AUTOR...3

CONTENIDO...4

¿QUÉ PUEDE ESPERAR DE ESTA JORNADA? 5

    DEDICATORIA...10

PRIMERA PARTE 11

EL ÉXITO ES UN ESTADO MENTAL COMPLETAMENTE PROGRAMABLE....11

    LEY #1 DEFINA LO QUE QUIERE DE LA VIDA, Y TRACE UN PLAN PARA
LOGRARLO. 11

    LEY #2. ¡CONCÉNTRESE EN EL ÉXITO! 21

SEGUNDA PARTE 43

CÓMO PONER LAS BASES DE SU EMPRESA 43

    LEY #3. PONGA MUCHA ATENCIÓN A LOS NÚMEROS Y A LAS FINANZAS.
....44

    LEY #4. MANTÉNGASE ENFOCADO, ...59
    Y ESCOJA LAS OPORTUNIDADES CON SABIDURÍA 59

TERCERA PARTE 79

CÓMO RELACIONARSE CON OTRAS PERSONAS. 79

LOS SOCIOS, LOS AMIGOS, LOS CLIENTES Y LOS EMPLEADOS 79

    LEY #5. ESCOJA BIEN A SUS AMIGOS, SUS CLIENTES Y SUS SOCIOS. 81
    LEY #6. ESCOJA BIEN A SUS EMPLEADOS. 93
    LEY #7. PONGA TODO POR ESCRITO. 100
    LEY #8. CONTROLE, CONTROLE, ¡CONTROLE!................................107
    LEY #9. APRENDA A COMUNICARSE, PERO TAMBIÉN, A CALLARSE. . 115

CUARTA PARTE 123

COMO LIDIAR CON VACAS FLACAS Y MANTENERSE CONCENTRADO EN EL
ÉXITO. 123

    LEY #10. ¡NO SE DEJE VENCER POR LAS SITUACIONES! 123
    LEY #11. Concéntrese en las Soluciones.....................................141
    LEY #12. BUSQUE AYUDA DE LA INTELIGENCIA INFINITA; PERO ¡CON
INTELIGENCIA! 146

¿QUÉ PUEDE ESPERAR DE ESTA JORNADA?

Este es un libro dirigido a empresarios, y a aquellos que aspiran a serlo, porque soy empresario y admiro a todo aquel que lo es. Estoy convencido que somos el grupo más conectado con la poderosa facultad del ser humano de crear, y por eso amamos inventar cosas nuevas, conceptos nuevos, empresas nuevas...

Pero a pesar de la importancia de lo que hacemos, hay muy poco material que nos ayude en el día a día de crear nuevos empleos y nuevas oportunidades.

Aunque este libro no contiene técnicas de mercadeo ultra secretas, ni la fórmula para comprar propiedades por un dólar o acciones de un centavo para vender en cinco dólares, contiene reglas prácticas para que usted aprenda a enfrentar situaciones reales de negocios.

Ser empresario es gratificante y tiene además muchas recompensas en finanzas, auto estima, realización personal... Por eso tantos escogemos ese camino. Pero la gente olvida que no se trata simplemente de tener una visión, crear algo, y luego hacerlo crecer con mucha suerte y algo de inteligencia. ¡Nada más lejos de la verdad!

Aunque esa es sin duda la parte más bonita –aquello con lo cual todos soñamos-, cometemos el error de pensar que es lo único y nos olvidamos de la otra parte de la ecuación, que incluye administrar, controlar trabajadores y pagar las planillas cada quincena, pagar proveedores, lidiar con clientes, hacer mercadeo, vigilar la competencia, pagar impuestos...

¡Y aquí es donde fallamos!

Los estudios indican que el 50% de todos los nuevos negocios, sucumben antes de un año. Desde el puesto de perros calientes y la venta de perfumes desde casa, hasta grandes emprendimientos y proyectos multimillonarios. Todos están sujetos a probabilidades similares. ¡Cincuenta y cincuenta!

Pero si esto no fuera suficiente para asustarlo, otro 40% cierra antes de 3 años. Son pocos los que después de cincuenta años siguen en pie.

¿Pero qué es lo que pasa?

Si decenas de libros nos dicen qué hay que hacer, ¿Por qué tantos fracasos? ¿Qué es lo que hacemos mal? ¿Por qué tantos sueños destrozados? ¿Por qué tantos quedan traumatizados y prefieren ser empleados por el resto de su vida?

8 a 5, sueldo seguro, ¿no?

Lo que pasa es que el cerebro está regido por dos áreas, una creativa y la otra administrativa. Generalmente los empresarios nos concentramos en crear, y descuidamos la otra parte, sin entender que crear y administrar son dos cosas diferentes. Una vez creadas, las empresas pasan a estar formadas y afectadas por seres humanos, por interacciones humanas, y por situaciones que hay que aprender a manejar y controlar. Situaciones que no nos enseñan en las escuelas de negocios y sobre las cuales casi no existe material para ayudarnos. ¡NO! Yo tengo una maestría en negocios, y puedo asegurar que en el manejo de mis empresas, muy poco de lo que aprendí allí resultó realmente importante.

Para aprender a ser empresario, se necesitan muchos años en las "trincheras", analizando y condesando las experiencias de los éxitos, pero sobre todo, de los fracasos. Cuando uno está muy bien, no aprende. Y no aprende porque cree que está haciendo todo bien (aunque no sea cierto).

Pero cuando fracasa... ¡estudia hasta el último detalle!

Estas doce leyes son el "jugo concentrado" de esas experiencias. Las pongo a su disposición, con la esperanza de que usted no tenga que experimentar años de golpes, --y de pérdidas-- como los que tuve que pasar para aprender estas lecciones.

Mi historia es la misma de miles de empresarios.

Luego de graduarme como abogado, trabajé en el Gobierno, seguí con la Maestría en Negocios, y luego pasé a ser funcionario del Banco Mundial. Aunque en los organismos internacionales me sentía "sofisticado" y hasta podía impresionar a mis amigos (y sobre todo a mis amigas) finalmente dije ¡No! La verdad, eso de marcar tarjeta a las 8 no es para mí, y a mis 27 años decidí seguir mis sueños de empresario.

Como en esta vida todo lo que pidamos con fe nos es dado, Dios me regaló mi primera empresa... El problema fue que pedí la empresa, ¡pero no pedí la sabiduría para manejarla!

Los siguientes diez años fueron apagar incendios permanentes. ¡Incendio tras incendio! Y con la crisis mundial, y los problemas estructurales en la economía, el agua del hidrante se secó... Y llegó el invierno. Llegaron las vacas flacas.

Uno lee en los libros acerca de esas cosas, y piensa que nunca le va a pasar... Pero quedar atrapado en la noche después de una tormenta ¡es tan difícil!

Los sentimientos de culpa, las autoacusaciones de estupidez, los recuerdos de todos aquellos que se hicieron ricos con nuestro trabajo... De todos los empleados que dejamos que robaran... De todos los dineros que no cuidamos... De todas las decisiones tontas tomadas al calor de las presiones... De todas las personas a quienes no pudimos cumplir lo prometido... ¡El fracaso es algo torturante!

Pero siempre, siempre, siempre, después de la tempestad, viene la calma. Después de la noche oscura, llega la mañana y sale el sol. Y la vida nos da dos caminos. El primero es aceptar la derrota. Creer que de verdad no somos inteligentes, ni capaces de tener empresas, ni de llegar a ser buenos administradores. Creer que no somos dignos de la confianza que tanta gente nos tenía...

El segundo camino es aprender, y seguir adelante.

Hace poco leí en un libro de Bryan Tracy acerca del creador de Nike, una de las empresas de cultura popular más grandes del mundo (Nike no solo hace zapatos, ¡crea modas!). Él era un tipo normal, no muy diferente que usted o yo, que quería ser empresario, porque tenía un sueño. ¡Y luchó tantas veces! Fracasó una y otra y otra vez. No lograba que la gente creyera en su idea. Sin embargo, una vez, ¡la pegó! ¡Y la pegó en grande!

Y cuando años después le preguntaron el secreto de su éxito, contestó: *"Yo sabía que sólo tenía que ser exitoso en el último intento, porque una vez que eres exitoso, tus fracasos anteriores quedan simplemente borrados... ¡Nadie ni se acuerda!"*

El día que leí esa frase, unas lágrimas traicioneras salieron de mis ojos. Le dije a mi esposa que era que estaba cortando cebollas...

Pero en realidad, fue que entendí...

Entendí que en lugar de quedarme sentado pensando en los errores, tenía que concentrar mis energías en mi próximo triunfo, en mi próximo éxito. Porque una vez que lo lograra, aquellos que habían visto mi tormenta ya ni se iban a acordar...

Me dediqué a reflexionar, a aprender, a escribir. Leí Proverbios, -el mejor libro de negocios del mundo, no importa si uno es cristiano, judío, musulmán o cientólogo. Leí cuanto libro de motivación pude conseguir. Aprendí con los que saben. Y después de eso, sin culparme ni tratarme de tonto o insensato, me propuse que los errores cometidos –vistos en frío y a la distancia-, serían errores que nunca más cometería, si aplicaba las verdades que la vida me había enseñado.

Y estuve seguro que si en adelante aplicaba las leyes y verdades que la vida me había enseñado -de la manera más dura que ustedes se puedan imaginar-, entonces, volvería a construir mi casa –mis empresas-.

Este libro contiene esas verdades. En el aprendizaje de algunas hubo dolor. Pero usted no tiene por qué sufrir. Si las pone en práctica, verá como su empresa prospera más allá de su imaginación. ¡Pero créalo! ¡De verdad créalo! Si usted cree algo con todo su corazón, eso es lo que va a recibir.

¡Ese es un principio fabuloso! Si usted cree que va a ser exitoso, lo va a ser.

"PEDID Y RECIBIRÉIS." Algo tan poderoso como cierto...

Lea este libro con una mente abierta, sabiendo que al final, estará listo para ser un mejor empresario. Le prometo que será una jornada interesante.

Mauricio Chaves

DEDICATORIA

Este libro está dedicado a mi esposa Marilú, quien me ha acompañado durante dieciséis años, y ha cumplido la promesa que una vez hizo en la Iglesia: "En las buenas y en las malas"...

Sus consejos invaluables mientras escribía este libro, sus frases célebres y sus aportes en ideas, la hacen parte fundamental del mismo.

También está dedicado a mi hija María José, con quién la vida me premió hace catorce años, y que no ha pasado un solo día en el cual no me haga feliz, me llene de orgullo, o me de algún consejo de esos que uno sabe, sólo pueden provenir de la sabiduría infinita.

Las amo.

PRIMERA PARTE

EL ÉXITO ES UN ESTADO MENTAL COMPLETAMENTE PROGRAMABLE

LEY #1
DEFINA LO QUE QUIERE DE LA VIDA, Y TRACE UN PLAN PARA LOGRARLO.

"Uno tiene que encontrar lo que ama. El trabajo va a ocupar una parte importante de tu vida, y la única forma de estar realmente satisfecho, es hacer un trabajo que uno considere realmente grandioso. Y la única forma de hacer un trabajo grandioso, es amar lo que uno hace. Si aún no lo has encontrado, sigue buscando, y no te conformes..." **Steve Jobs,** *Universidad de Stanford, apertura curso 2005.*

a. ¿Por qué ser empresario?

Uno de los desafíos más grandes que enfrentan los empresarios, o los que quieren serlo, es que la mayoría sólo tienen clara una cosa. Ante la pregunta ¿por qué ser empresario?, la mayoría responderá: *"¡Porque quiero ganar más dinero!"*.

Cuando se dan cuenta de que por sí sola la frase suena un poco mal, comienzan a agregar cosas como: *"es que quiero ser libre, hacer lo que me gusta, tener un poco más de tiempo, realizarme como persona..."*

Pero la verdad, la gente lo que quiere es **¡ganar más dinero!**

Evidentemente, este es un propósito saludable, si consideramos que la nuestra es una sociedad donde lamentablemente el dinero determina con quién nos relacionamos, qué tan aceptables "socialmente" son nuestras actividades; cómo nos "ven" y qué comentan de nosotros los amigos en las fiestas. Una sociedad que respeta al dinero **¡no respeta a la persona!**

Hemos aprendido a ser definidos con base en el auto que manejamos, la casa en que vivimos, el dinero que mostramos. Y creemos que la solución para alcanzar ese sueño es tener una empresa. ¡De lo que sea!

'¿Y usted qué hace?' nos preguntan.

'¿Yo? Soy empresario' respondemos con una sonrisa de satisfacción que denota cuan exitosos nos sentimos. *"Pues mirá, decidí poner un negocito pues tenía algunas ideas y un capital. Inclusive, estoy pensando en expandirme el año próximo..."*

¡Somos un éxito! ¿Cierto?

¡Pues no todo lo que brilla es oro!

Porque para tener éxito y alcanzar nuestras metas, no basta solamente tener una empresa, cualquier empresa. Así no es cómo funciona este asunto. Si usted se hace empresario sólo pensando en el dinero, probablemente va a caminar sin rumbo, apagando incendios -y con suerte, sí, ganando un poco de dinero, pero que no puede disfrutar por el estrés.

Para tener éxito verdadero el secreto es entender QUÉ es lo que realmente quieres de la vida y trabajar con todas tus fuerzas en alcanzar este objetivo.

Yo sé, yo sé. Usted ha escuchado esto en el pasado: *'trate de hacer lo que lo haga feliz'*. Suena New Age... Pero aunque le suene a propaganda, son los que entienden esta simple máxima; aquellos que definen su propósito y hacen que cumplirlo sea su fuente de dinero, los que llegan a ser empresarios y personas exitosas.

b. ¿Y qué es esto del propósito?

Nunca trabajé un solo día en mi vida. Siempre fue diversión.
Tomás Edison.

¿Qué tienen en común Steve Jobs, Oprah Winfrey, y Tomas Edison? Son empresarios que crearon imperios alrededor de su propósito, de sus sueños, y de hacer exactamente lo que les gustaba. Y en el proceso, se hicieron billonarios.

Hace algunos años –poco antes de su muerte- vi a Steve Jobs presentando su último invento revolucionario, y lo que pude ver fue a un niño cumpliendo un sueño más. Jobs no estaba en ese podio porque quería más dinero. ¡No! Estaba allí porque amaba lo que hacía. Y lo siguió haciendo hasta que las fuerzas le alcanzaron, y con sus últimos álitos de vida su alma aún seguía pensando, soñando, creando. O sea, ¡viviendo!

Lo mismo Oprah, la empresaria del espectáculo más rica del mundo. Por 25 años a través de su programa y de ayudar gente, cambió el mundo de la televisión y en mucho, la percepción hacia los afroamericanos en Estados Unidos (¡sin Oprah no habría Barack Obama!). Su secreto es ser feliz haciendo lo que le gusta y cumpliendo su propósito.

Y los millones... ¡Esos vienen por añadidura!

Para realizarnos, ser felices y alcanzar éxito y prosperidad, tenemos que investigar y descubrir los talentos con los cuales hemos sido 'armados'-artista, deportista, científico, escritor, vendedor...-y ejecutar nuestro propósito sin importar lo que pase alrededor.

Entonces, ¿qué es esto del propósito, visión o destino?

Estoy convencido de que cada persona tiene un plan o misión dentro del gran esquema de las cosas, algo que vinimos a "ejecutar" aquí en la tierra. Para cumplirlo nacemos con talentos especiales.

Así que, ¿quiere ser un empresario realmente exitoso? ¿Quiere que le lleguen esos ¨milloncitos "por añadidura"?

Entonces, **comience por definir quién es usted.**

¿Qué es lo que lo mueve? ¿Qué es lo que le gusta hacer? No importa lo que sea, todo se vale; al final de cuentas es usted. ¿Le gusta inventar? ¿Le gustar armar cosas? ¿Le gusta cocinar? ¿Es un gran vendedor? ¿Le gusta escribir? ¿Tiene ojo para el detalle? ¿Tiene buen gusto decorando? ¿Le gustan los deportes? ¿Canta bien? ¿Es un pintor talentoso? ¿Le gustan los animales?

¿Qué lo hace especial? ¿Qué lo hace tan feliz que estaría dispuesto a hacerlo aunque no le pagaran? Este primer paso es

¡tan importante! Y no se preocupe si lo que hace es raro o único, o si es lo más común del mundo. Puedo garantizarle que hay gente siendo feliz y ganando toneladas de dinero haciendo cosas tan raras que ni podemos imaginarlas, o simplemente cantando, bailando, o vendiendo pollo frito.

"Tú puedes ser quien quieras ser" dice un refrán famoso. Y ser quien quieres ser hará la diferencia entre estar desesperado por salir corriendo de la oficina o seguir trabajando doce horas. Entre dejar todo tirado cuando su empresa esté en problemas, o en quedarse a luchar hasta el final. Para ganar mucho dinero, se necesita esa motivación adicional que le llevará a recorrer la milla extra.

En las otras partes de este libro trato de enseñarle a cumplir su deseo de ser empresario; enseñarle lo que tiene que hacer ¡y lo que no! Pretendo ser un mentor que le muestre la realidad que encontrará al perseguir ese deseo; y le evite algún día tener que aprender esas lecciones de forma dolorosa. Pero recuerde, no importa cuántas lecciones se aprenda de memoria, *usted no será realmente exitoso, mientras no encuentre algo que lo haga profundamente feliz...*

c. Trace un buen plan. No es quien maneja más rápido, sino quien sabe para dónde va...

Hace poco me citaron a una reunión en otra ciudad, en una dirección que francamente no conocía. Como tenía prisa y no quería llegar tarde, -además de que creía saber *más o menos* por donde era-, no programé mi GPS ni investigué en el mapa la dirección. Sólo me subí al auto y comencé a manejar lo más rápido que pude. Pero como no sabía para donde iba... ¡Me perdí! Y terminé llegando tarde, después de varias vueltas a la cuadra de enfrente. ¡Y todo a pesar de que violé todos los límites de velocidad!

Sin embargo, algo bueno salió de esta experiencia. Cuando finalmente llegué a mi destino, pensé en esta verdad:

El que llega a su meta no es el que sale primero o el que maneja más rápido: es el que comienza preparado, sabiendo exactamente para dónde va.

Si hubiese preparado la ruta, aunque saliera cinco minutos después, hubiese ido tranquilo, llegado temprano, y no hubiese agregado un milímetro a mi úlcera. Como no lo hice, pasé estresado todo el camino, pensando en qué pasaría si me perdía... y no en lo realmente importante, que era ¡lo que iba a decir en la reunión!

Y así, amigos, es la vida.

Por eso ¡prepárese! Planee su vida. Trace un mapa detallado. Defina exactamente qué es lo que usted quiere. ¿Adónde exactamente quiere llegar? ¿Cómo lo va a hacer? ¿Cuáles son los pasos que debe dar para llegar a donde quiere llegar?

Napoleón Hill dice que uno debe tener un "propósito definido", e inyectarlo con deseo ardiente, pues sólo los pensamientos a los cuales se les inyecta de emoción son capaces de estimular el subconsciente para que uno logre lo que quiere.

¿No le gustaría caminar por la vida sabiendo que se dirige a alguna parte?

La habilidad de saber hacia dónde se dirige es fundamental, pues una vez que uno lo define, puede desarrollar el carácter correcto y los dones o habilidades que necesita. Sabiendo que hay un destino en ese horizonte, a pesar de que en su jornada haya traspiés, usted se levantará, se sacudirá el polvo, y seguirá caminando, porque sabe cuál es su meta, su destino...

No siga como un barco a la deriva. Si Dios puso en las aves, los peces, las mariposas, las tortugas, los pingüinos, y tantos otros animales, la capacidad de encontrar el lugar donde nacieron para cumplir con la sagrada misión de reproducirse -no importa si es a miles de kilómetros de distancia-, sólo imagine el poderoso magneto que hay dentro de usted, deseando ser activado para llevarle exactamente al lugar donde desde antes de que naciera, estaba destinado a llegar...

El camino al éxito comienza en el momento en que tome una hoja de papel, y trace por escrito ese camino.

Y al hacerlo, al trazar sus sueños, no olvide que todo en el universo es acerca de crear, de expandirse. Toda actividad está basada en el deseo de crecer, avanzar. El mundo está creciendo, haciéndose, formando cosas nuevas cada día. Cada día que pasa, el universo se expande por millones de kilómetros, se crean nuevos planetas, nuevas galaxias... La misma fuerza que está creando esas galaxias, la misma sustancia, la misma materia, es la que se usa en crear sus sueños y toda la riqueza del mundo.

¿Alguien le mintió alguna vez y lo convenció de que la riqueza es escasa?

¡No!

La riqueza es abundante. Pero nuestras creencias erróneas son las que nos impiden adquirir riqueza o siquiera acercarnos a ella. Y esa forma de pensar, LA DUDA -no aceptar la verdad universal de que todo aquello en que creamos firmemente, sin dejar ni el menor espacio a la DUDA, SUCEDE-, no nos deja creer que el dinero, el éxito en los negocios, y la realización de nuestros sueños como empresarios –o como seres humanos- puede venir a nosotros.

d. ¡Póngase en acción!

Si ya usted está decidido a empezar un negocio, definió lo que quiere y sabe qué lo va a hacer feliz, ya trazó su plan y se convenció de que puede lograrlo, y le puso el "deseo ardiente" que se menciona en tantos libros, ahora dé el siguiente paso:

¡Despiértese!

¡Despierte sus talentos!

Necesita ponerse a trabajar de inmediato y con entusiasmo por lo que quiere.

"Una persona puede tener éxito en casi cualquier cosa para la cual tenga entusiasmo ilimitado", decía *Charles Schwab.*

Debe ponerle compromiso a los talentos que le han sido dados, para que se puedan disparar a niveles que ni nosotros mismos nos imaginamos. Su pensamiento es importante, pero su acción es fundamental.

Cualquier cosa que valga la pena lograr en la vida, requiere esfuerzo. Quizá debí haber dejado eso para un capítulo más avanzado. A la mayoría, cuando les hablan de trabajo y esfuerzo, les da como ¨pereza¨... Aunque si usted hace lo que ama, como dijimos al principio, lo sentirá como diversión y no trabajo. ¡Y el tiempo vuela!

Entonces ¿Qué quiere?

¿Lo puede ver en su mente?

¿Lo puede creer?

Hay una gran diferencia entre desear algo y estar listo para recibirlo. Hay que creer, no solo desear. Y ponerse en acción, pues si alguien sólo desea y desea pero no cree ni actúa, no pasa de ser un soñador.

Si sueña con cocinar, ¡COCINE! Invente recetas, aprenda cosas nuevas, pero cocine. Si no lo hace, y se queda solo soñando con ser un buen chef, el día que muera en su lápida dirá: aquí yace una secretaria, o un obrero, o un doctor, cuyo único sueño fue cocinar, pero que nunca hizo nada al respecto.

Si quiere ser un gran motivador, comience por dar pequeñas charlas. Si quiere ser un gran cantante, al menos vaya al karaoke... Si quiere escribir un libro ¡siéntense en la computadora y comience a redactar!

"Nada está "por debajo" suyo, si está en la dirección de su vida, nada es grandioso o deseable, si no está en esa dirección¨ dice Emerson en "Conducta de Vida." Así que, si está en la "dirección" de su vida, a quien le importa si es ¨pequeño¨.

Hasta el árbol más grande comenzó como una semilla. Luego fue una pequeña planta. Luego un arbusto. Luego un árbol grande. Y finalmente, se convirtió en ¡EL ÁRBOL MÁS GRANDE DEL PLANETA!

Y deje de creer en cosas malas. Deje de creer en las profecías de Nostradamus (mis novelas, la serie Los Caballeros de Nostradamus, es de estos temas, pero al final, ¡todo sale bien! Esto, por cierto, es un comercial). Deje de creer que el mundo se está yendo al demonio, que sólo cosas malas y guerras pasan. Deje de ver las noticias de las diez y de alimentar su mente con pensamientos negativos que no hacen sino crecer en su subconsciente como la mala semilla, que se convierte en mala hierba y termina por ahogar los retoños de sus sueños.

Comience a investigar todas las cosas buenas e impresionantes que están ocurriendo en tecnología, y que están cambiando -para bien y día a día- el mundo en que vivimos. ¿Por qué en vez de quejarse, no trata de inventar algo? El próximo Iphone. El próximo sitio web revolucionario. El próximo estilo constructivo. El próximo software para que los robots interactúen con los humanos. La próxima novena sinfonía; una nueva Capilla Sixtina o un nuevo David como el de Miguel Ángel. El próximo Snuggie, o el mejor manual de entrenamiento para perros. El próximo ejercicio para bajar de peso, o la mejor receta para un perro caliente.

No se queje, y en su lugar, contribuya a construir un mundo mejor. Generalmente, quienes hacen esto, ¡se hacen millonarios!

PRINCIPIOS DEL CAPÍTULO

* --No se haga empresario sólo porque cree que es la mejor forma de ganar dinero. Todos queremos ganar dinero, es una parte importante de la vida. Pero no todos están dispuestos a tomar los enormes riesgos que conllevan iniciar y mantener un emprendimiento.

* --Si ya decidió ser empresario, primero defina quién es usted; qué le gusta hacer, y cuáles son sus talentos únicos y especiales. Busque crear un negocio o empresa relacionados con aquello que lo hace feliz y usted ama hacer. Eso va a garantizar que esté dispuesto a asumir el enorme compromiso personal que se requiere; así como a aportar mucho trabajo y esfuerzo. El proceso tiene grandes recompensas, pero usted tiene que estar dispuesto a pagar el precio. Y recuerde que si es algo que ama, el tiempo volará, y disfrutará cada minuto. De lo contrario, probablemente va a ser completamente miserable en su nueva aventura, y ante el primer indicio de problemas, va a querer salir corriendo y dejar todo tirado.

* --Si usted tiene un sueño, metas concretas, expectativas altas, sabe para dónde va, ha identificado sus talentos, y ya sabe lo que quiere, ahora ¡adelante! No espere un cambio de ambiente para actuar. Cambie su ambiente con su acción.

LEY #2.
¡CONCÉNTRESE EN EL ÉXITO!

Hay una materia pensante de la cual todas las cosas se hacen y la cual ..... impregna, penetra y llena todo espacio en el universo.

Un pensamiento en esta sustancia produce la cosa que es imaginado por el pensamiento. Una persona puede formar cosas en sus pensamientos, y al imprimir ese pensamiento en la sustancia, puede causar que la cosa en que pensó sea creada.

Para hacerlo, la persona debe pasar de la mente competitiva a la mente creativa; debe formarse una imagen mental clara de las cosas que quiere; y hacer −con fe y propósito- todo lo que pueda hacer ese día, haciendo cada cosa por separado de manera eficiente.

Wallace Wattles, *La ciencia de Hacerse rico.*

En el libro <u>Piensa Éxito.</u> **(¡Sí al Éxito!)**-que escribí con la ayuda de mi esposa y de mi hija-, analizamos los principios universales sobre motivación, prosperidad y crecimiento personal expuestos en decenas de fuentes.

En este capítulo comparto algunos de esos principios, pues es evidente que para ser un empresario extraordinario, el primer requisito es que usted aprenda a creer en usted mismo y esté concentrado de manera absoluta en triunfar.

a. Definición de Éxito.

Todos decimos aspirar a algo llamado éxito; pero si preguntamos por allí, nos damos cuenta de que la mayoría no tiene ni la menor idea de qué significa esta palabra. En principio, según los parámetros de esta sociedad, parece ser algo medido sólo en millones de dólares.

Tenemos el club del millón, de los diez millones, de los cien millones, de los billonarios... Los 500 más ricos del mundo, los 500 más ricos del país, los cinco más ricos del pueblo...

Y si lo queremos hacer aún más personal, tenemos al tío más rico, al primo más rico, al amigo millonario... Sin embargo, el éxito verdadero -y su hermana gemela, la prosperidad- consiste no sólo en el dinero sino en alcanzar un balance entre muchas áreas como:

· El amor; la capacidad de amar y ser amado por nuestra familia, nuestros amigos, nuestros cónyuges.

· La sabiduría o búsqueda de ese conocimiento 'más allá' reservado a unos pocos que se preocupan por algo más que verse bien.

· La buena salud, el premio de aquellos que se olvidan de la enfermedad, y se niegan a aceptarla o a pensar en ella.

· El gozo, el sentimiento de plenitud interna que nace de estar satisfechos y felices.

· El tiempo, el escaso y precioso recurso que tenemos que cuidar y aprovechar al máximo para disfrutar de lo anterior ...

No hay que negar que el dinero resulta importante en cada una de estas áreas; pero nuestra búsqueda del éxito tiene que ser ante todo una búsqueda de balance, en el cual desarrollemos por igual nuestra mente, nuestro cuerpo y nuestra alma, y no inclinemos la balanza sólo hacia el dinero.

b. Importancia de la edad

Ahora que hemos definido qué es lo que buscamos, debemos determinar si tenemos la edad correcta para el éxito.

El cuarenta por ciento de las personas no hacen nada con su vida porque sienten que están muy viejos para comenzar; otro cuarenta por ciento no hace nada porque sienten que aún son muy jóvenes; y otro diecinueve por ciento no hace nada porque no saben si están muy viejos, o muy jóvenes.

Por eso, luego de años de estudiar al 1% que si logra triunfar, creo que he descubierto de forma definitiva la edad perfecta para el éxito.

Oscar Wrigley, un niño del Reino Unido con un coeficiente superior a 160 –similar al de Albert Einstein-, fue admitido a sus dos años y cinco meses, como el miembro más joven por Mensa, la sociedad mundial de "genios" o personas con alto coeficiente intelectual. Kim Ung-Yong, con un coeficiente de 210, alcanzó el nivel universitario a los 4 años y se doctoró a los 15. Akrit Jaswal realizó su primera operación en un paciente a la edad de 7 años, y a los 12 años fue el estudiante más joven admitido a la carrera de medicina en una universidad de la India. Mozart compuso sus primeras piezas a los 5 años; Beethoven presentó su primera composición a los 11 años. Michael Dell, fundador de la empresa de computadoras Dell –una de las más grandes del mundo-, tenía 15 años cuando inició esa empresa en su garaje. El rey David era un adolescente cuando mató a Goliat.

Todo lo anterior me permitió concluir que para triunfar en la vida, hay que haber hecho algo extraordinario antes de cumplir 18 años. Sin embargo...

Bill Gates y Steve Jobs tenían 19 años cuando pusieron las bases de dos de las empresas más importantes del mundo. Mark Zuckerberg fundó Facebook a sus 20. Alejandro Magno se convirtió en el Emperador de todo el mundo conocido, después de interminables campañas de conquista cuando tenía 23 años. Chad Hurley, fundador de You Tube, vendió su empresa a Google por US$1650 millones a sus 29 años.

Entonces, concluí que la edad para el éxito está entre 18 y 30 años de edad. Sin embargo...

Jesús inició su prédica a los 30 años. Julio Verne publicó su primera novela exitosa a los 35 años. Mahoma tuvo sus visiones y escribió el Corán a los 40. Cristóbal Colón descubrió América a los 46. Charles Darwin tenía 49 cuando publicó su "origen de las especies". Leonardo Da Vinci tenía 51 cuando pintó su obra cumbre, la Mona Lisa. Michelle de Nostradamus, publicó sus centurias proféticas, que lo hicieron el más famoso "adivino" de la historia, a sus 52 años. Ray Crock, fundador de la cadena de hamburguesas McDonald's, tenía 53 años y era un vendedor de máquinas para batidos, cuando tuvo la visión de iniciar su empresa. Abraham Lincoln fue un tipo mediocre, considerado un ¨fracaso¨, hasta que a los 50 años, luego de sufrir la muerte de su amada, tuvo un proceso de transformación interna que lo llevó a convertirse en uno de los presidentes más queridos de los Estados Unidos.

Por lo anterior, concluí que la edad para triunfar se ubica entre los 31 y los 55 años. Pero...

En 1931, a los 56 años, un hombre llamado Winston Churchill cayó en una tremenda depresión. Había sido aislado totalmente de la política inglesa, y la gente lo consideraba acabado. Sin embargo, no se rindió. Nueve años después, a los 65 años, fue nombrado primer ministro de Inglaterra y lideró a su país a ganar la Segunda Guerra Mundial. El Coronel Sanders, fundador de Kentucky Fried Chicken, tenía 65 años cuando comenzó a vender franquicias de su pollo, después de haber vivido un tiempo de la seguridad social. Y después de pasar 27 años en prisión, Nelson Mandela, a sus 72 años, lideró las negociaciones para conseguir una democracia multirracial en Sudáfrica, y fue presidente desde 1994 hasta 1999, dejando el mandato a los 81 años.

De los últimos tres casos, pude concluir definitivamente que la edad para triunfar en la vida se ubica entre los 56 y los 81 años de edad... Sin embargo... Hoy vi la noticia de que Kozo Haraguchi, de 95 años, rompió el record en 100 metros planos para mayores de 75... (Y les tengo una actualización: En el 2015, con más de 100 años, sigue corriendo y participando en carreras. Y ahora le salió un contrincante: un norteamericano de apenas 101, ¡que además es triatlonista!)

La verdad es que no existe una edad correcta o predeterminada para el éxito. Sólo personas que finalmente se deciden a triunfar.

¡La edad está en su mente!

Nunca olvide que somos espíritus inmortales –almas- atrapadas en cuerpos que duran, en promedio unos ochenta años (aunque el número de personas que pasan de 100 ha aumentado vertiginosamente gracias a los avances médicos). Ahora la mitad de la vida no son los treintas sino los cincuentas, y se dice que los cuarentas son los nuevos veintes (y yo lo creo firmemente, luego de cumplir cuarenta y sentirme jovencito, jovencito...); que los sesentas son los nuevos cuarentas.

Hay dos tipos de ancianos. Están quienes esperan la muerte a los setenta en un asilo; o los que con noventa esperan la cura de todas las enfermedades, mientras navegan en un crucero por el Mediterráneo. Hace un par de años, en un crucero, hice amistad con una pareja de italianos de casi noventa años, que celebraban 70 años de casados. En nuestra parada de Londres, me mostraron la ciudad, caminando y hablando animadamente por más de cuatro horas. Mi esposa y yo terminamos viendo en ellos sólo dos amigos más –sólo que muy simpáticos, sabios y llenos de energía-, y su edad sólo hizo nuestro recorrido más agradable ¡e interesante! Y es que con la expectativa de vida actual, una persona de 60 que desee comenzar una empresa puede asumir que tendrá entre veinte y cuarenta años para hacerla crecer. ¿Usted se imagina todo lo que puede pasar en ese tiempo?

En esta vida NADIE está acabado hasta que lo llevan en el ataúd y lo dejan en el cementerio. Y aun así... ¡hay gente que se despertó en el ataúd porque en realidad no estaba muerta!

Sino que lo diga mi papá, que a sus 77 venció tres infartos, y en el 2015, a los 81 le diagnosticaron cáncer. Como el hombre está contento y no quiere morirse, se operó (contra todos nuestros consejos), y no sólo sobrevivió sino que ya lo declararon ¨libre¨. Y ahora quiere irse de paseo por España. ¡Ojalá yo haya heredado toditos esos genes...!

El punto es, nadie es demasiado joven ni demasiado viejo para triunfar; para pintar la Mona Lisa; para crear una novela famosa; para inventar una nueva fuente de energía o descubrir un nuevo elemento atómico; o para tener alguna idea extraordinaria, o simplemente, para decidir seguir viviendo.

Y usted ¿a qué edad se va a decidir a triunfar?

Cuando se decida, entonces puede dar el segundo paso...

c. Crea en usted mismo.

La diferencia entre usted, y el millonario del pueblo, o su tío rico, o el nuevo número diez de la revista Forbes, no es la cantidad de millones, ¡es la actitud!

En las mentes de esas personas, que son idénticas a usted en todo y tienen la misma cantidad de células, la riqueza es algo sobre lo cual

¡no tienen ni la menor duda!

Una vez que usted tiene el plano y ha trazado la ruta que seguirá, el siguiente paso es cambiar su actitud, creer en usted mismo, y comenzar a caminar con la plena seguridad de que, pase lo que pase, el universo le ha dotado de la capacidad irrefutable de llegar a donde se proponga.

Creer en usted mismo es la única forma en que podrá cumplir las metas que se plantee.

1. No se preocupe del pasado. Ocúpese de crear el futuro.

Lo primero que tiene que dejar atrás, es cualquier cosa en su pasado que le indique que usted no es un ser extraordinario. No importa de dónde venga, es lo que escoja creer lo que es importante. Olvídese del pasado. Deje de comentar a sus amigos que quizá su vida sería mejor o diferente si algo hubiese pasado hace cinco o diez años.

No pasó. Punto. *Usted está donde está, esa es la realidad.*

Pero los resultados del pasado no son garantía de que se obtendrán los mismos resultados en el futuro. Usted puede cambiar su futuro para bien.

Y quizá, para hacerlo, resulten fundamentales lecciones aprendidas durante esos momentos difíciles que usted hoy recuerda con amargura.

"¡Pero es que siempre he fracasado!

¡Pero es que hasta ahora nunca he logrado lo que me propongo!

Pero es que mis padres no me querían y me decían cosas feas..."

Si la gente dependiera de quienes fueron sus padres para ser exitosos, ¿cómo se explica tantos huérfanos exitosos, frente a tantos individuos con padres amorosos y amables, que terminaron sus vidas drogados en las calles?

Aunque su realidad de hoy sea resultado de sus conductas pasadas, también es cierto que cualquier cosa que haya hecho o le hayan hecho en el pasado -y que sea determinante en el dónde está hoy-, **puede ser cambiada a partir de este momento**. Por eso es tan importante NO ocupar nuestro presente en pensar en el pasado, para que nuestro futuro pueda ser diferente del presente.

Como decía Napoleón Bonaparte. *"Al diablo con las circunstancias. Yo hago las circunstancias"*. Las circunstancias no son lo importante, sino lo que se hace con ellas.

2. El mundo pensará lo que usted piense de si mismo.

Mi abuelita decía que si uno sale de la casa creyendo que es feo, todos van a creer que es feo. Lo contrario también es cierto. ¿O es que acaso usted no tiene uno de esos amigos poco agraciados, que sin embargo tienen eso que llaman "sex appeal"?

Hace un tiempo me topé con una amiga a quien siempre había sido considerada fea. Sé que sueno un poco cruel, pero es que... ¡es la verdad! Además, quiero ilustrar un punto. Resulta que ese día estaba bien peinada, se había cambiado los anteojos por lentes de contacto, y andaba, por primera vez, un vestido de su talla. ¡Francamente me sorprendió!

Yo nunca había notado que en realidad la muchacha era atractiva. ¿Quién lo hubiese dicho? Y pensaba yo: a esta muchacha alguien la convenció hace muchos años de que era fea y no ha podido superarlo. Probablemente, todavía le daba pena mirarse en el espejo.

Y como decía mi abuelita, siguió saliendo de la casa sintiéndose fea, y eso es lo que todos los demás veíamos en ella. Pero el día en que decidió sentirse bonita, ¡todos lo notamos!

¿Cuántos "tontos" hay por allí que en realidad son inteligentes, pero no se lo creen? ¿Cuántos talentosos se creen torpes? ¿Cuántos lindos se creen feos, cuántos flacos se creen gordos?

Y usted ¿Qué cree de sí mismo?

¿Está absolutamente seguro de que es todo lo malo que alguna vez alguien lo convenció que era, –sus padres, sus maestros, sus compañeros de escuela, un novio o novia que le abandonó-, quizá hace tanto tiempo que ya ni se acuerda quien fue?

Y este es uno de los grandes problemas del ser humano. Lo que los demás perciben está basado en lo que usted ha decidido creer de sí mismo. Y cuando dejamos que alguien nos convenza de que somos poca cosa, caminamos gritándolo en silencio a todos cuantos encontramos.

Nunca olvidaré a Mario, mi profesor de artes plásticas en el primer año de secundaria. Duré días pintando un tiburón y estoy seguro que lo hice bien ¡de verdad! Pero Mario lo tomó, lo revisó, hizo un comentario burlón en frente de toda la clase, y me convenció para el resto de mi vida de que no tenía talento para el arte. ¡Gran *profesor*!

Lo simpático es que mi esposa estudió arte, me ha visto dibujar algunas veces cuando me logro despojar de mis complejos ¡y está convencida de que en realidad lo hago bastante bien!

¿Qué hubiese pasado si ese profesor tan poco inteligente me hubiese dicho que lo hacía bien, que lo siguiese intentando? No digo que hubiese sido el próximo Picasso, pero, ¿y por qué no? Tal vez hasta me hubiera inventado un pseudónimo bien "cool".

Pero como nunca creí en mí mismo, y me dejé convencer de mi falta de talento, desarrollé fobia al arte y nunca, nunca, nunca más pinté nada.

¡Y ni que hablar del fútbol! Nunca jugué, pues de niño me convencieron que era 'malo'. ¡Hasta que empecé cuando tenía 35 años! Ahora juego casi todas las semanas, me encanta, ¡y hasta me hago un par de goles de vez en cuando!

Cómo me costó superar mis complejos y creer en mí mismo, aun cuando era "exitoso" desde el punto de vista financiero.

Por eso, la primera persona que debe creer en usted, es ¡USTED MISMO! Si no, va a convencer hasta a su mamá de que no es capaz de lograr grandes cosas.

3. Su entorno es fundamental.

Rodéese de serpientes y terminará envenenado.

Rodéese de águilas y aprenderá a volar entre las nubes

El hecho de que el ser humano siempre está cambiando y aprendiendo gracias a las influencias positivas o negativas de los demás, es otra razón poderosa del por qué su entorno es fundamental para el éxito. Si bien es un conocimiento básico, parece increíble cuán necesario resulta escucharlo una y otra vez.

Rodéese de gente exitosa, de triunfadores, de personas positivas que le digan cosas buenas y lo apoyen. Aléjese de personas negativas, de aquellos que lo critican o le dicen que está loco, y de los que le digan que lo que usted quiere hacer, simplemente, *"no se puede".*

Cada vez que han entrevistado a alguien que ha logrado algo increíble o grandioso, lo primero que dice es *"qué bueno que no le hice caso a todos los que me dijeron que no se podía"*.

Trate de imaginar por un momento todas las cosas grandiosas, las personas talentosas, las obras fabulosas, los inventos revolucionarios de los cuales nos hemos perdido, porque algunos SÍ LE HICIERON CASO a las personas negativas que los rodeaban. ¡Qué tragedia tan terrible!

No se preocupe por lo que le digan los demás acerca de sus sueños; ni busque consejos en otros, excepto de aquellos que le dirán que **sí se puede.** Existe una razón por la cual la energía creadora le dio ese sueño o ese talento a usted, y no a la persona que tiene al frente y que ahora le está diciendo por qué es *"imposible".* Confíe en su voz interna. Cuando los demás nos dicen lo que piensan de "nuestra realidad", de nuestros sueños, están proyectando lo que piensan de ellos mismos y de su capacidad para alcanzar sus propios sueños. Eso no tiene nada que ver con usted. Usted no es ellos. El ser humano se niega a creer lo que no entiende. ¡Pensamos que nuestras limitaciones son el patrón de las limitaciones de todos!

Steve Jobs fue catalogado por la junta directiva de Apple como un irresponsable soñador; fue traicionado, y echado de la misma... Pero él no se quedó llorando. Simplemente analizó, aprendió, recargó fuerzas, y se dedicó a crear las bases de Pixar, negocio que vendería luego a Disney, convirtiéndolo en su mayor accionista. Años más tarde, también regresó para rescatar a Apple de la inminente bancarrota, y los condujo a revolucionar el mundo con sus productos...

¡Imagínese si se hubiese quedado pensando que era un fracasado!

Nunca se deje menospreciar por nadie.

¿Conoce los nombres de los que estaban en la directiva que despidió a Jobs por 'soñador'? ¡NO! La historia no se acuerda de los tontos negativos; o si lo hace, es sólo para burlarse de ellos.

Los grandes hombres por el contrario han construido su vida y su éxito, con las piedras que los demás le han tirado. No se concentraron en el dolor, en las heridas, no se quedaron llorando o pensando en sus defectos, sus errores, o en lo que los demás pensaban de ellos. Se concentraron en sus virtudes y en sus talentos.

¡Haga lo mismo!

No olvide que usted es un ser especial, creado para una gran misión... Dentro de usted están las semillas del éxito, la sabiduría y la prosperidad. Usted vale más de lo que piensa y de lo que se da crédito...

¡Enfóquese en sus éxitos!

4. Convierta la celda de su mente en un castillo. ¡Cambie sus expectativas!

El éxito no es sólo privilegio de los más inteligentes; ni de los que tienen más dinero; ni de los ¨hermosos¨; ni de todos sus amigos excepto usted. El éxito es un privilegio de todos los que están dispuestos a desarrollar la mentalidad correcta, a aceptar que están llenos de potencial, y a creer que son capaces de lograrlo. La peor prisión a la que alguien puede condenarse es la prisión de su propia percepción. Construimos celdas para nuestra mente con ideas negativas que hemos repetido a nuestro subconsciente. Y cuando en consecuencia nos pasa algo negativo, terminamos convenciéndonos de que teníamos razón, y de que nuestra celda es lo único que tenemos y merecemos.

Tanto el castillo más hermoso como la prisión más horrorosa, tienen un piso, paredes de concreto y techo... Los materiales son los mismos. Es lo que el constructor hace con los materiales lo que hace la diferencia.

Por eso, debemos cambiar las paredes de nuestra celda –paredes de obstáculos e imágenes negativas acerca de nosotros mismos-, con paredes de logro, de confianza y de fe.

Usted es el constructor de su vida. ¡Construya un castillo!

El principio del libre albedrío lo que significa es que usted puede pedir los materiales que quiera... Si quiere pisos de tierra, paredes frías y techos pintados con grafiti, pida eso. Si quiere pisos de mármol, paredes de colores hermosos, y techos adornados con frescos únicos, pida eso.

Pedid y recibiréis.

Pedid... ¡Y RECIBIRÉIS!

La gente rica atrae la riqueza porque creen que es lo normal, que se lo merecen, y por eso, lo piden y lo reciben.

Antes de obtener lo que usted quiere, tiene que creer que puede obtenerlo. Sólo así suceden estas cosas...

Salga de la prisión de poca cosa, y aprenda a creer que merece éxito y prosperidad. Abandone la mentalidad de pobre, de no me lo merezco, de eso no es para mí. Antes de tener lo que quiere, debe creer que puede obtenerlo. Sólo entonces podrá verlo sucediendo.

Si usted usa los términos "no puedo hacerlo", "no puedo comprarlo", "no puedo, no puedo, no puedo", su subconsciente lo acatará literalmente, y no sólo no lo ayudará a superar los obstáculos, sino que le impedirá realizarlo. ¿Por qué? Porque su subconsciente cree que en realidad lo está complaciendo, que en realidad está cumpliendo sus deseos y haciendo lo que usted le pidió. Después de todo, usted siempre dice que no puede...

Sobre este tema, le recomiendo el libro "El poder de la Mente Subconsciente", de Joseph Murphy.

Después de leerlo usted estará totalmente convencido de que cualquier cosa que usted "programe" en su subconsciente, sea positivo o negativo, SUCEDE.

Pedid y recibiréis.

Pedid... ¡Y RECIBIRÉIS!

Mi hija siempre dice que el dicho "ver para creer" es todo lo contrario de la fe. Tener fe significa que primero hay que creer para luego poder ver. ¿Cómo puede obtener cosas si ni siquiera puede soñarlas? Por lo tanto, crea.

Creer es lo que controla nuestro camino hacia el éxito. Mantenga sus expectativas altas; desarrolle la mentalidad de "creérsela" como los chinos. Cuando veo lo que está pasando en la China o en la India, países que hace 20 años eran pobres y hoy son ricos, lo que veo es gente como usted o yo, que cambiaron sus EXPECTATIVAS. ¡Se concentraron en crear y en creer, y obtuvieron éxito! La parábola fue muy clara: sólo a aquellos que obtienen más, se les dará más.

Pero recuerde que la mentalidad tiene que ser de creación y no de competencia. Esto significa que usted no debe desear o envidiar lo que tiene otro. Cree sus propios sueños, sus propias cosas. Nunca envidie la casa del vecino; si quiere una casa como la del vecino, constrúyala, créela... O recuerde que ¡hay millones de casas hermosas y vacías esperando gente!

Y nunca olvida aplicar siempre y en cada momento el principio de la gratitud. A todos nos gusta que nos den gracias cuando hacemos algo bueno o damos algo a alguien. ¿Quién dice que el creador del Universo es diferente? Comience a dar gracias por todo lo que tiene y todo lo que está obteniendo. Pruebe a ser agradecido con lo que tiene y lo que está recibiendo, y verá como, casi mágicamente, recibe más...

d. No tema al fracaso.

Si va en este momento a mi sitio web, podrá adquirir por sólo $19.95 un talismán y un aceite de un árbol del Amazonas, descubierto durante uno de mis viajes, con el cual le garantizo que nunca será visitado por el fracaso...

¡Ha! Apuesto que más de uno dejó de leer, y se fue corriendo a comprar el talismán. Le tengo noticias. El talismán ¡No existe! Pero, el aceite del árbol del Amazonas... Ese... ¡tampoco! Es más, nunca he estado en el Amazonas (¡aunque quiero ir!)

El fracaso no es algo que aparece de la nada, porque alguien nos hizo vudú o mal de ojo.

Otro paso para el éxito consiste en entender que el fracaso es el cúmulo de pequeños errores, que se acumulan como un vaso, que se va llenando poco a poco, de gota en gota, hasta que el vaso se derrama. Ni aparece por obra de magia ni es que Dios nos está castigando. ¡No!

Como todo en la vida, como el crecimiento, como el lograr nuestras metas, el fracaso también es un proceso.

Ahora, no se deprima. Aunque el fracaso huele feo y hay que tenerlo de larguito, puede ser usado como instrumento para alcanzar el éxito. De hecho, los hombres más exitosos también han cometido muchos errores. Pero, en lo que difieren de aquellos que se dejaron vencer y se quedaron pequeños, es que los primeros aprendieron, se levantaron, y siguieron intentando alcanzar sus sueños.

Napoleón Hill, quien escribió *'Piense y Hágase rico'* después de haber entrevistado a los 500 hombres más ricos de su época, concluyó que la mayoría habían encontrado su mayor triunfo después de grandes fracasos. Y concluyó que una gran ley de la vida es:

En cada fracaso, existe la semilla de un éxito aún mayor al que se tenía antes de 'fracasar'.

Lo que pasa es que la gente pierde el tiempo lamentándose, en lugar de sentarse, y en calma, buscar la semillita entre los escombros de lo que fue.

Muchos autores usan el ejemplo de Tomas Edison, y sus 10.000 intentos para crear la bombilla. ¿Qué hubiera pasado si Edison hubiera dicho *"Lo he intentado 1000 veces y nada. Esto debe ser que Dios no quiere que lo haga, es una señal...Probablemente algún enemigo me hizo brujería"?* ¡Nuestro mundo quizá estaría en tinieblas por las noches!

¿Sabía que el descubrimiento de América y la Torre inclinada de Pisa, fueron dos fracasos famosos en la historia? Cristóbal Colón fracasó en llegar a Asia, como era su sueño. Pero el resultado final fue mucho más grandioso. Y Bonnano Pisano cometió, en 1173, el error de construir una torre en un lugar sin buenos cimientos (¡tal fue el fiasco que la obra fue abandonada a su suerte!), nunca pudo ni sospechar que su "fracaso" haría famosa a su ciudad en todo el mundo, y que la Torre de Pisa sería el motor económico de toda su región gracias al turismo.

La vida es como un video juego. Avanzamos hasta que aprendemos los trucos de cada nivel. ¿Cómo aprendemos los trucos? La mayoría necesitamos vivir nuestra propia experiencia, porque así es como aprendimos a aprender... Si usted ha experimentado algún fracaso, dedique tiempo a analizar, escribir, meditar y estudiar los errores... Así, podrá convertir sus fracasos en escalones hacia la oportunidad. Si aprende bien la lección nunca más volverá a cometer el mismo error y podrá cambiar. Y sobre todo, no sé de por vencido; siga tratando, y entonces podrá dar el siguiente paso...

e. Prepárese de forma constante

El éxito es una planta que requiere ser regada todos los días. Si no la riegas, si no la atiendes, se seca. Y en la tierra sin regar, de los tallos marchitos del éxito abandonado, nace, casi imperceptiblemente, la mala hierba del fracaso...

Aunque suene a cliché, esa es una buena metáfora.

Por lo tanto, otro paso para el éxito es ¡PREPÁRESE!

Lea, y escuche cuanto audio libro y CD pueda conseguir sobre éxito y superación. Pida a sus amigos que le presten material o sáquelo de las bibliotecas públicas. Gástese unos dolarcitos y compre algunos libros (sobre todo, otros escritos por mí, ¡ha!) Pero dedíquese a una búsqueda constante y seria de ideas, de frases motivadoras.

A veces es una frase que leemos y escuchamos, la que nos hace click y de pronto nos activa el organismo. Yo recuerdo un momento en especial, cuando escuché la frase del creador de Nike que mencioné en el prólogo, aquello de que *"lo que la gente recordará es sólo nuestro último triunfo y no todos los fracasos anteriores."* La escuché en un momento en que me sentía ¡tan derrotado! Pero más que eso, sentía mucha vergüenza con el mundo, pues no podía encontrar, -y sabía que nadie podía encontrar- ninguna justificación para que alguien con mi preparación y potencial, estuviera en una situación como la que me encontraba.

El que me dijeran, aunque fuera en un CD, que un día la gente no iba a pensar en mis fracasos sino sólo en mis éxitos, me hizo levantarme de la silla y ponerme a trabajar. Pero esa frase la escuché, porque me había dedicado a buscar motivación. Porque había buscado información. Porque había leído varios libros. Y entonces tarde o temprano, la frase tenía que llegar ¡y lo hizo!

Yo le pregunto: ¿Qué necesita que le digan para que deje de pensar en los problemas, y comience a llamar el éxito? ¿Para que comience a creer con todo su corazón que sí puede lograrlo? ¿Cuál es su frase?

Viendo las noticias de las seis y escuchando reggaetton, difícilmente va a llegar. Bueno, hay una canción que dice *"Muévelo, muévelo" ¡Ha!* Debo confesar que aquello de buscar hacer lo que uno ama, es un gran consejo. Yo realmente me divierto cuando escribo. Pero eso es una nota al margen.

Ahora ¿qué autores no pueden faltar en su colección? Sin duda, los maestros fueron Orison Swett Marden, con sus más de 50 libros sobre éxito incluyendo "Prosperidad: Como Atraerla"; y Wallace Wattles, con "La Ciencia de Hacerse Rico" y sus otros libros. Luego, Napoleón Hill con "Piense y Hágase Rico". El 90% de los libros sobre éxito están basados en los principios de estos autores. Algunos no pasan de ser copias. Otros, actualizan los ejemplos y los disfrazan de originalidad. Pero si quiere ir a la fuente, esa es y puede buscar esos libros. Como no me gustaban las traducciones existentes, los traduje y publiqué recientemente. ¡Es que son realmente buenos!

Otro autor genial es Jim Rohn, el "papá" y mentor de muchos otros autores muy famosos. Escuche cualquier cosa de él y se sentirá obligado a salir corriendo y ponerse en acción. También me gustan Bryan Tracy, Zig Ziglar, Tony Robbins, T.Harv Ecker y Bob Proctor. Pero si nunca ha leído nada, comience con Orison, Hill y Wattles, luego Jim Rohn, y los demás, en el orden que di. Créame. Nunca, nunca, nunca, se va a arrepentir, y de verdad que su vida va a cambiar para bien. Claro, siempre que lo que escuche o lea no le entre por un oído y le salga por el otro...

Como le dije, es importante regar esa planta del éxito, y hacerlo constantemente. Dicen que el combustible de un buen libro de motivación dura muy activo la primera semana... Luego comienza a disiparse, y en un mes, ni nos acordamos.

Hace unos días me invitaron a una reunión de una cadena de venta de productos multinivel. Aunque asistí por cortesía, reconozco que salí completamente sorprendido (y por poco, ¡salgo hasta vendido!) Admiré muchísimo ver cómo se motivan constantemente. La reunión -de tres horas- fue toda escuchar acerca de los éxitos de los demás, testimonios de superación, de sí se puede.

Se dieron premios por metas alcanzadas, por escalones superados, por el mejor de la semana, del mes, del año... El que no salía motivado de allí, necesita urgentemente un trasplante de emociones. Todos los sistemas de mercadeo multinivel están basados en esos esquemas de motivación constante; de un pensar permanente en el éxito; de poner a la gente a leer y a escuchar todo lo que puedan para mantenerse "sintonizados". Los que diseñaron los sistemas entienden claramente que el ser humano funciona por motivación; y lo hicieron bien.

Usted es un ser humano. ¡Motívese! ¡Hágase porras! ¡Dese premios cada vez que alcance una meta! Sólo cosas buenas tienen que salir de todo eso.

Ahora, siguiendo con las fuentes de sabiduría y libros de motivación, no puedo dejar por fuera la más especial. Durante mi año "sabático" tuve la oportunidad de hacer lo que recomiendo aquí: estudiar, leer muchísimo y escuchar cuanto audio libro pude conseguir. Para mí, fue un curso intensivo, una rara oportunidad que me dio la vida. Y si algo entendí, fue que si en medio de mis negocios y mi andar de un lado para otro, hubiese sacado el tiempo para estudiar --no la última herramienta de mercadeo, o el último best seller sobre planificación y presupuesto--, sino principios básicos de sabiduría-, muchos errores no los hubiese cometido.

¿Sabe cuál es uno de los secretos de los hombres más poderosos del mundo? Finalmente, revelado después de miles de años... Si sigue leyendo, tal vez después le digo... ¿Ve? ¡Siguió leyendo! El secreto es la sabiduría de Salomón y de otros sabios. Los hombres más exitosos, y algunos de los autores que mencioné, generalmente confiesan en sus biografías que han leído **los Proverbios,** y los aplican. No por nada Salomón es considerado el hombre más rico que ha existido. Más aún que Bill Gates, Carlos Slim o Warren Buffet. Y si yo hubiera hecho la cuarta parte de lo que Salomón dice, otra sería mi historia.

No rechace esta fuente sólo *"porque está en la Biblia y me van a hablar de religión".* O porque *"soy agnóstico".* Sea lo que le haga feliz y le funcione. ¡Pero estudie esta fuente! Y cuando lo haga, se va a dar cuenta que casi todos los Best Sellers de negocios se basan en esos consejos; y la mayoría de los refranes populares salen de allí. De hecho, usaré algunos a lo largo de este libro. Los Proverbios son 31 capítulos de 20 a 30 frases. Si lee un capítulo por día, en un mes los habrá leído todos. Los primeros capítulos son un poco "profundos". A partir del capítulo 10 son frases muy simples, llenas de consejos sabios. Si los lee todos los días, durante un año, se le van a grabar y –espero- se va a hacer más sabio. O por lo menos siempre va a tener una "frase inteligente" para responder a los demás.

Otras fuentes importantes son Eclesiastés –similar a Proverbios-, y Eclesiástico -que sólo aparece en Biblias católicas- Búsquelo en Internet. Por ejemplo, Eclesiástico 6; 12; y 13, se refiere a los "amigos" y socios. Aunque fue escrito hace 2200 años, describe al menos 50% de la gente que conoce. ¿O 95%? Júzguelo usted mismo. Léalo, le va a hacer bien como parte de su educación de éxito y negocios, y posiblemente le va a ayudar a ver quiénes de verdad son sus amigos.

Eclesiástico 12: 8-9 "Cuando todo va bien, no se sabe quién es amigo, pero cuando todo va mal, se sabe quién es enemigo. Cuando las cosas van bien, el enemigo se hace amigo, pero cuando van mal, hasta el amigo te abandona."

A propósito de creer todo lo que le dicen, y caminar descuidado, los proverbios nos dicen: **Prov. 14:15** *"El tonto cree todo lo que le dicen; el prudente (el sabio) se fija por dónde anda".* Otra versión dice *"Se fija bien antes de actuar".*

Prov.22:3. *"El prudente ve el peligro y lo evita (ve el mal y se esconde); el imprudente sigue adelante y paga el precio.* A propósito de ser fiador de amigos en las deudas:

Prov.22:26-27. *"Nunca te hagas responsable de las deudas de otra persona, pues si no tienes con qué pagar hasta la cama te quitarán"*

f. El principio del Dar. ¡Sea generoso!

El último principio de esta corta introducción al éxito, se relaciona con un tema escabroso y casi casi tenebroso. Y sobre todo doloroso. Es más fácil convencer a la gente de que los murciélagos son sólo Hamsters con alitas; que del hecho de que sacar dinero del bolsillo para algo que no nos gratifique o beneficie de forma inmediata y directa, pueda tener algo de bueno.

Pero el principio de dar para poder recibir, es un principio universal que se encuentra en todas las filosofías y religiones a lo largo de la historia.

Recientemente vi una entrevista a Bill Gates y Warren Buffet, los dos hombres más ricos del mundo, que decidieron donar más del 50% de sus fortunas a sus fundaciones de beneficencia (unos 50 mil millones de dólares). Y no sólo eso. Mientras termino este libro, ellos están promoviendo reuniones y cenas en todo Estados Unidos entre grupos de multimillonarios, para convencerlos de que lo mejor que pueden hacer con su dinero es ¡donarlo a fundaciones!

Lo simpático del caso, es que estos dos son quizá los únicos en el mundo que tienen la capacidad de convencer a mucha gente, de que deshacerse de su dinero no es sólo lo correcto, sino ¡profundamente cool! Y por eso 50 billonarios ya han acordado donar la mitad de sus fortunas.

Ahora, no se necesita que usted sea billonario o millonario. Si usted comparte parte de sus ingresos y ayuda a otras personas aunque su situación no sea la mejor, por alguna razón, todo comienza a salir bien. Sin embargo, **hay un par de reglas que debe recordar:**

Lo primero, de porque es lo correcto. De con amor, o ¿cómo lo digo para sonar 'políticamente correcto'? De porque usted siente que es bueno hacerlo. Porque le nace. Porque ve a otras personas en necesidad, a niños que no tienen que comer, a ancianos abandonados, y siente que es su deber como ser humano ayudar porque entiende que es parte de la misma energía que está en todo y en todos. Pero no lo haga porque lo presionaron o manipularon o porque para sacarle dinero le dicen que Dios le va a devolver cien veces lo que dio.

Si da porque es lo bueno y lo correcto, estará cumpliendo con el precepto de "buscar primero el reino de Dios y su justicia, y todo lo demás viene por añadidura." Y una de las añadiduras es posiblemente la multiplicación de su dinero. Pero si da sólo porque espera que le devuelvan su dinero multiplicado, usted está buscando las añadiduras y no siguiendo su deber de ayudar a los demás, o en otras palabras, no lo está haciendo por las razones correctas.

Segundo, no lo haga para que lo vean. Una vez me pasó algo rarísimo. Hice una donación, y porque era un caso de alto perfil, me sacaron en televisión... Y fue la primera vez en mi vida que las cosas me salieron mal. Aunque hice la donación por los motivos correctos, debo confesar que me gustó salir en ¨tele¨... Y como lo que hizo la mano izquierda no sólo lo vio la derecha, sino todo el país, la bendición no funcionó, y más bien se convirtió en problema.

Destine parte de sus ingresos para hacer buenas obras, para ayudar asilos de ancianos, orfanatorios, para dar una beca a un niño inteligente que quizá no tiene los recursos para surgir, y verá como nunca le faltará nada. Y recuerde que dar no es sólo dar cosas materiales. A veces, lo más valioso que puede dar a alguien es tiempo, apoyo, guía, buenos consejos... Sea mentor, sea maestro, enseñe a otros los principios para surgir que aprendió en este libro. Como decía mi abuelita: "manos que dan nunca están vacías".

SEGUNDA PARTE

CÓMO PONER LAS BASES DE SU EMPRESA

Ahora que usted ha adquirido las herramientas mentales para creer en usted mismo, para soñar, y para ponerse en acción en cumplimiento de sus deseos, debe aprender cómo hacer que sus emprendimientos sean exitosos mediante la construcción de bases sólidas para su empresa.

Probablemente haya escuchado que al construir una casa, hay que tener un cuidado extraordinario al poner las fundaciones; que estas tienen que ser fuertes y estar sobre terreno firme y compactado. Si se viola este principio, se darán hundimientos y rajaduras, y aunque las paredes se vean sólidas y muy bonitas, la casa se va a caer o se tendrá que demoler.

LEY #3.
PONGA MUCHA ATENCIÓN A LOS NÚMEROS Y A LAS FINANZAS.

En cualquier negocio, sin duda el manejo del dinero es un tema fundamental. Usted puede ser brillante, tener las mejores ideas del mundo, las mejores intenciones, el mejor producto, pero si no maneja sus finanzas con sabiduría, al final del día todo lo demás importa poco.

Como este libro es dirigido a empresarios, los consejos se refieren tanto al manejo de las finanzas de sus empresas, como de sus finanzas personales. Porque muchas veces es difícil establecer los límites entre las unas y las otras...

a. Tenga cuidado al 'hacer números'

Si usted llegó hasta este capítulo, probablemente está decidido a ser empresario y a hacer dinero con su esfuerzo. Tiene una idea buena. Es algo que le gusta. Está dispuesto a hacer los sacrificios. Y está listo para empezar a poner las fundaciones de su empresa.

¿Qué es lo primero que tiene que hacer para ver si su idea funciona como negocio? ¡**Hacer números!**

El primer gran error que debemos evitar los empresarios -grandes o pequeños-, se origina en el optimismo que nos hace caer en la tentación de lo que mi Papá siempre ha llamado *"hacer números alegres"*.

Los "números alegres" son cálculos extremadamente optimistas de ganancia, que no están acompañados de un análisis realista de costos.

Al final, el éxito o fracaso de su empresa dependerá de que usted haga bien esos números.

Voy a ilustrar este concepto con un ejemplo que llamo "el principio del perro caliente", que aunque simple, contiene grandes verdades.

Comencemos por imaginar que vamos a iniciar un negocio de Venta de Perros Calientes. Si somos como cualquier otra persona –y como una que otra gran corporación-, el primer número que tendemos a hacer es: "Si vendo mil perros a $10 cada uno, ¡ME GANO DIEZ MIL DÓLARES!"

Después de la euforia inicial, cuando nos sentamos a *analizar* más nuestra idea de negocios, nos damos cuenta de que para saber la ganancia, primero debemos restar el costo del pan y la salchicha. Digamos que estos insumos cuestan $5 por perro.

Esto significa ¡que todavía me gano $5 mil!

¡Y eso sólo en los primeros mil perritos!

Listo. Decidido, me pongo la venta de perros, ¿cierto?

¡NOOO! ¡ALTO! ¡Así no funcionan las cosas!

¿Sabía usted que el 50% que cierran su negocio en el primer año, como mencioné en el prólogo, son quizás los más inteligentes? Sólo un 10% termina por ser realmente exitoso, pues otro 40% cierra antes de tres años. Lo triste es, que dentro de ese 40% que se sostiene, hay una enorme cantidad de gente que pasa *'saliendo tablas'* o perdiendo dinero; poniendo dinero de otros negocios o trabajos en algo que da pérdidas, hasta que finalmente aceptan la situación y lo cierran.

Y dentro del 90% que fracasa, están TODOS los que se les olvidó considerar el costo de la salsa de tomate, la cebollita picada, las servilletas o la cajita para el perro. O peor aún, olvidaron incluir el alquiler del local, la electricidad, y el salario del empleado (que además, regalará perros a sus amigos y se comerá unos cuantos, como veremos adelante).

Están los que no se dieron cuenta de que si hubiesen sumado todos los costos, habrían descubierto que cada perro les costaba $9. Y que después de correr, coordinar y de hacer un gran esfuerzo, no se ganaron ni $1000 ¡antes de impuestos!

O peor aún, que los perros calientes les costaban $11, más que los $10 en los que los vendían, y que aparte de trabajo, ¡estaban poniendo dinero de su bolsa!

Sí, es así de duro. No siempre, pero es así de duro. Y si cree que estoy exagerando, pregúntele a otros amigos empresarios. A todos nos ha pasado algo así. Es parte de lo que llamamos "adquirir experiencia en negocios".

Conozco tantas personas inteligentes, con deseos de ser empresarios, con buenas ideas, que han cometido este error de hacer mal los números, y quedan traumados de por vida. Es doloroso. Gente que pudo haber iniciado empresas extraordinarias, que tiene el talento, las ideas y los deseos de hacer los sacrificios necesarios, pero se ven detenidos por culpa de una mala planificación.

b. Descubra todos sus costos

Para que no le pase esto, ni tenga que adquirir la experiencia de la forma dura, siempre analice el pero escenario posible, o para ponerlo sofisticado, el "worst case scenario"...

Esto significa que antes de empezar cualquier negocio, debe sentarse a considerar absolutamente todos los costos de forma sincera y realista. Desde la gasolina para ir al supermercado a comprar el pan y las salchichas, hasta los panes que se despedazan y no se pueden vender, y las salchichas que se le pusieron malas porque no las metió al refrigerador (¡los llamados imprevistos!). Encuentre esos costos secretos que tienden a esconderse en los rincones más secretos... TODO significa TODO. Podemos engañar a los demás, pero jamás podremos engañar a nuestra propia billetera...

Si su negocio sobrevive al análisis de costos bajo el peor escenario posible, entonces es viable. Lo contrario, nos lleva a otra verdad:

Hay negocios que son malos y no dejan ganancia. Depende de usted descubrirlo antes de empezar, o esperar hasta que haya perdido hasta la camisa.

Volviendo a los perros calientes, digamos que usted se da cuenta -a tiempo- de que los perros iban a costarle $10, y que usted los iba a vender en $10.

Qué triste ¿no?

¡Noooo! ¡Más bien qué dicha! Dele Gracias a Dios... Pues acaba de evitar pasar por lo que pasan la mayoría de los empresarios:

¡Se dan cuenta después!

Pero no se desanime. La mayoría de negocios tienen el potencial de dejar ganancias. A veces, lo que necesita es tener más cuidado con los costos. Si estos salieron un poco ajustados, pero todavía usted considera que puede ser un buen negocio y le gusta, puede sentarse a ver qué ajusta para que funcione. Hay soluciones, ES CUESTIÓN DE BUSCARLAS.

Puede ser que está usando salchichas caras, en lugar de unas que saben bien y cuestan la mitad (no se exceda y compre las más baratas, no se trata de matar la calidad).

Quizá, está comprando pan en paquetes de 6 bollitos, en vez de buscar la bolsa con 100.

O está comprando la salsa de tomate cara y en empaque pequeño, en vez de la salsa genérica en Wal-Mart.

O compró las cebollas y el tomate en el supermercado en vez de ir a la feria del agricultor.

O quizá de lunes a viernes vende muy poco, (75 perros en cinco días), pero sábado y domingo vende 200 perros en dos días. Tal vez tiene que decidir abrir sólo sábado y domingo, y atender el negocio usted mismo, en lugar de tener un empleado toda la semana; y seguir en su trabajo regular mientras el nuevo negocio crece y se consolida.

Sé que este principio es una sobre simplificación de un asunto tremendamente complicado. Pero este problema le pasa al vendedor de carros, al constructor de casas, y al que pone una tienda en un Mall.

Hay empresarios que terminan viviendo de la tarjeta de crédito, porque se niegan a reconocer que hicieron mal los números y que su negocio no da para pagar las cuentas.

Sin duda, las tarjetas de crédito han contribuido a que nos engañemos y no hagamos ajustes a tiempo, hasta que estamos terriblemente endeudados.

Ahora, **NO le estoy sugiriendo ser negativo**.

La idea no es desanimarlo. Si no fuese posible hacer dinero, entonces ¿cómo explica todos los que tienen éxito, los empresarios millonarios por allí? El optimismo, el pensamiento positivo, el creer en nosotros mismos, ¡es indispensable! Y si todavía tiene alguna duda, vuelva a leer los primeros dos capítulos. Si no creyéramos en nosotros mismos, ¡seríamos todos empleados de grandes corporaciones!

Siempre es necesario que haya empresarios pequeños y medianos, pues las PYMES son la fuerza de cualquier economía.

Pero si quiere llegar a crear una empresa exitosa que le produzca millones, tiene que comenzar por tener cuidado, y no caer en la trampa de los números alegres. Por el contrario, tiene que aprender a encontrar todos sus costos, incluso aquellos que parecen esconderse en los rincones. En otras palabras, USTED DEBE ANALIZAR SUS NEGOCIOS POTENCIALES CON OPTIMISMO REALISTA.

Si va a importar autos usados para vender, sepa cuánto le costó todo el proceso, no solo lo "principal". No iga "el auto y los impuestos fueron $4.000. Si lo vendo en $4.500, ¡me gané $500!"

¿Y el agente de aduanas?

¿El costo de transporte?

¿Y el anuncio en el periódico?

Es tan triste trabajar y trabajar, y seguir trabajando y al fin del mes darse cuenta de que, ¡qué raro, NO QUEDÓ NADA PARA USTED, sólo deudas!

Si alguna vez ha experimentado esto, la causa más probable es que usted no sabe sus costos verdaderos; y quizá no se ha sentado a hacer números, porque las palabras planificación o presupuesto suenan a "complicado"; y se imagina hojas en Excel con proyecciones que ni el contador entiende.

No le estoy sugiriendo eso. Pero al menos siéntese, y haga una lista realista de todo lo que le cuesta su producto. Cuando hablo de todo, es todo. Podemos engañar a los demás, pero no a nosotros mismos. Al final, lo sentiremos en la billetera. Se sorprendería de cuántos no se han dado cuenta que están vendiendo más barato de sus costos. Son una sensación en ventas y están matando a la competencia. ¡Pero venden tan barato que están perdiendo dinero!

No sea uno de estos. No es justo para usted (ni para su competencia, empresarios que están luchando, como usted), y al final los únicos que ganan son quienes le compran, que en la mayoría de los casos ni se lo agradecen. Y si les vende a crédito, existen altas posibilidades de que ¡ni le paguen!

A veces, la solución puede estar en ajustes mínimos. Estoy seguro de que si se sienta y hace cálculos realistas, se dará cuenta de muchas cosas.

Por ejemplo, usted necesita tener claro si el negocio permite pagar un empleado; y luego, debe esmerarse en conseguir uno bueno, que no robe ni se coma los perritos calientes.

Debe tratar de conseguir mejores precios al comprar los insumos y controlar sus costos. Incluso debe aprender a predecir y reducir los 'imprevistos', aunque suene contradictorio.

El nombre imprevisto nos lleva a la pereza, pues metemos en un porcentaje fijo, cosas que se pueden mejorar y que podrían terminar en el bolsillo como ganancia. Por ejemplo, si sabe cuáles productos se dañan fácilmente en la bodega o durante el transporte, ¿no pediría a todos tener más cuidado?

Recientemente, una empresa de fabricación de envases de vidrio, tuvo que recortar los salarios por la recesión. Su rubro de desperdicio histórico por envases quebrados y otros problemas en la planta era un 15%. El propietario ofreció a los empleados que si reducían los desperdicios, el ahorro se usaría en complementar sus salarios. ¡Y después de 50 años de ser el 15%, en un mes se redujo a la mitad!

O sea, el dinero y el posible ahorro siempre estuvieron allí.

¡Pero no se trata sólo de ahorrar por ahorrar! A veces ahorrarse un centavo en algo clave termina costando miles de dólares.

Una vez instalamos una pieza –un codo plástico- bajo unas tinas de baño, en la loza de concreto de 10 casas que estábamos construyendo. La pieza "cara" costaba $7, pero usamos una genérica que parecía igual y costaba $2. La pieza falló, hubo que romper lozas y el arreglo costó $2000 por casa. El ahorro de $50 costó $20.000.

Por eso el proceso incluye buscar los mejores proveedores no sólo en precio, sino en calidad y confiabilidad. No hay nada peor que un proveedor que no entrega a tiempo, y nos obliga a parar las máquinas por una semana; o nos vende una pieza defectuosa por la cual perdemos dinero, pasamos vergüenzas, y perdemos la reputación.

Se trata de usar el sentido común para no ser una más de las empresas que venden miles de unidades antes de darse cuenta de que habían hecho mal los números y perdido en todas…

Quizá, al final toque ajustar precios –aunque venda un poco menos-. ¿Y si vende los perros en $12? ¿Le digo algo? El 95% de sus clientes ni lo van a notar. Y usted, finalmente, va a recibir un premio por su esfuerzo.

c. Reinvierta en su negocio

Volviendo a los perros calientes, digamos que usted hizo bien todos los números, el negocio tiene potencial, comienza, vende los famosos mil perritos y recibe los primeros diez mil dólares…

¡No tiene idea de cuanta gente no sólo no ahorra, sino que toma TODOS los ingresos y los GASTA! Y se olvida de comprar pan y salchichas ¡para poder vender más perros!

La mayoría quiere ponerse un negocio hoy, y en un mes, tener dinero para el plasma; luego la prima del auto nuevo, y después, el alquiler de una casa más grande. Como somos empresarios, tenemos que vivir mejor, ¿cierto?

No sabe cuántos por comprarse el televisor, se olvidan de sacar dinero para el anuncio en el periódico que generaría nuevos clientes; o no pueden comprar la máquina para aumentar la producción. O por dar la prima del auto nuevo, atrasan el salario a los empleados; o compran insumos más baratos y de menor calidad porque ¡se les acabó el dinero!

Si usted está decidido a ser un empresario serio y a que las cosas funcionen, no puede violar la máxima **de reinvertir en**

su negocio. Le voy a decir algo que ningún empresario quiere oír:

> Hasta que no esté madura, firme, establecida, y produciendo ganancias verdaderas, usted no tiene derecho a gastarse el dinero de la empresa.

Es como tener un árbol de mango. Si apenas ve una flor, la arranca y se la come, nunca va a tener mangos. ¡Ni semilla para plantar más árboles! Si al agricultor le da hambre, y se come la semilla, ¿cómo va a recoger cosecha? No se coma la semilla. **Los ingresos de su empresa son las semillas, no su caja chica.** Si necesita vivir de su empresa, póngase un salario que esta pueda pagarle. Trabaje por ese salario y viva dentro de sus posibilidades. Aunque usted sea el dueño, su empresa necesita semilla para dar cosecha.

d. Cuídese del crecimiento basado en deuda

Este principio funciona así. Digamos que tengo $50 ahorrados, y una oportunidad requiere invertir $100. Como la diferencia es poca, consigo prestados $50. Me va bien, y convierto mis $50 en $200.

¡Pero ahora, surge una oportunidad de $400!

Tomo los $200 que tenía y pido prestados $200. Me va bien y termino con $800 en la mano. ¡Soy un genio!

Ahora me siento listo para las grandes ligas: la oportunidad de $1600. Tengo $800, pido prestados $800, me tiro al agua, me arriesgo...

En este escenario 'del apostador' perdemos de vista dos cosas. Primero, el riesgo es cada vez más grande, pues la deuda es cada vez mayor. Si algo sale mal, será más difícil pagar intereses o el principal, pues ahora el monto es elevado.

Segundo, que si somos como casi todo el mundo, los $800 que invertimos eran TODO lo que teníamos –jugamos a todo o nada-, y nos quedamos sin reservas. En otras palabras, nos tiramos sin paracaídas, esperando que como siempre, caigamos de pie... El problema de tentar al destino, es que en una de tantas podemos no caer bien. Y hasta puede ser que caigamos de cabeza, ¡y nos matemos!

e. El efectivo es el rey. *Cash is King.*

Esta frase debería ser un poco diferente: '*El que no tiene efectivo es un tonto*'. Cuántos tienen empresas de millones y nada de efectivo en el banco, dependiendo siempre de la confianza absoluta en un milagro...

Toda empresa debe tener un fondo de efectivo, lo que llamo un "colchón para vacas flacas", cuyo tamaño sea directamente proporcional al tamaño de la empresa. Una empresa pequeña que enfrenta un problema de flujo de caja, puede ser salvada por el tío que apareció de milagro y le hizo un préstamo. Pero hay empresas que se vuelven tan grandes, que el único tío que puede salvarlas es el Tío Sam. ¡Y a veces ni ser amigo del Presidente podrá salvarle! Cuando uno vive en el filo de la navaja, tarde o temprano, se corta...

El efectivo es el rey.

No importa cuántas buenas oportunidades se le presenten, no invierta todo su efectivo. Si se queda sin reservas, el problema más insignificante y pequeño puede derrumbar su empresa.

Empresas con millones en activos, se han ido a bancarrota por no poder pagar $25.000. Es duro, pero es cierto.

La llamada "caja única" es un problema dificilísimo, porque requiere mucha disciplina evitar la tentación. Si tiene varias empresas, y constantemente mezcla dineros, puede descapitalizar una que es exitosa y autosuficiente, para financiar un 'muerto' que lleva a cuestas. A veces esos *muertos* debieron ser enterrados hace tiempo, pero tomamos dinero de empresas vivas para comprar perfumes caros y hacer que el muerto huela rico.

Yo acabo de enterrar mi último muerto. Una empresa que nunca dio dinero, pero que mantuve por orgullo -me daba vergüenza cerrarla-, y me engañaba a mí mismo creyendo que algún día iba a ser exitosa. Perdí millones a lo largo de diez años. ¿Se imagina lo que tuve que trabajar en otras empresas para mantener esa? No cometa ese error.

No tome dinero de una empresa exitosa para sostener una empresa fracasada. Al final perderá las dos.

Haga lo que hizo Steve Jobs con Pixar. Le dio capital, las herramientas necesarias, y dijo: no hay más dinero, tiene que salir a flote sola. Y Pixar lo logró. Cuando las empresas deben sobrevivir solas, de alguna manera, lo logran.

Pero cuando saben que hay bolsillos listos para sacarlas de problemas, casi sin remedio caen en ellos...

f. ¡Ahorre!

"El necio gasta todo lo que tiene" Prov.21-20

"Al que bien administra bien le va" Prov.16-20

¿Se acuerda cuando de niño le hablaban del ahorro? Casi siempre involucraba dejar de comer algún helado, para meter el dinero en la alcancía. Al fin del año, todos esos chocolates no comidos se convertían en un regalo -unos tenis o unos jeans para impresionar a los amigos-. ¿Y las golosinas? ¡Ni nos acordábamos!

Claro, al tener que decidir entre comer la golosina o poner el centavo en la alcancía, nos invadía un deseo incontenible por el dulce (y a veces, ni pensábamos en ello hasta enfrentar la decisión). Pero si ganaba el buen hábito y ahorrábamos, el premio al fin del año siempre era placentero; y evitábamos las caries y que fuéramos obesos.

¿Le cuento un secreto? *¡Yo era un niño obeso!*

Y si quiero buscar un origen a mis problemas como empresario, es el que siempre me comí todos los chocolates, todos los helados, y todas las gaseosas que pude. ¡Cómo me gustaban las nucitas bicolor, y unos confites que se llamaban marcianitos! Y nunca tuve ni la disciplina para echar ni un centavo en la alcancía, ni dinero para comprar mi regalo al fin del año.

¡Me lo comí todo!

A mi hermano, le daban la misma cantidad de dinero. Y él, que era el otro extremo, cuando sentía hambre en la Escuela, tomaba agua hasta llenarse. ¡Y todo lo que podía, lo guardaba en el Banco, donde tenía una cuenta de ahorro infantil! Cuando tenía 16 años, tuvo dinero suficiente para comprar equipo y comenzar su empresa, después de leer "Piense y Hágase Rico" de Napoleón Hill.

Yo, por el contrario, acababa de ingresar a la Universidad, y celebraba que por fin, después de pagar un año en un gimnasio, ¡había superado mi gordura!

No sé por qué será que la palabra 'ahorro' nos parece poco sexy. Debe ser el 'h' intercalada. En cambio 'gastar' suena mejor, y rima con gozar y disfrutar. Ahorro medio rima con burro y con me aburro.

Usted, no sea burro, y ahorre.

Grandes autores de este tema como George Clason en el libro "El hombre más rico de Babilonia", dicen que hay que ahorrar un 10% de todos sus ingresos. ¿Duro? ¿Qué significa para usted? ¿Un par de salidas a buenos restaurantes en el mes? ¿Manejar un Toyota en vez de un Lexus? ¿Vivir en una casa de tres cuartos y no cuatro?

Ahorrar conlleva sacrificio, y quizá es por eso que trae recompensas. El que ahorra, siempre tiene. Y si mañana usted enfrenta un gran problema -pierde su empleo o pierde su empresa-, por lo menos podrá sobrevivir hasta que la situación mejore, o hasta que comience otro negocio, esta vez con bases firmes.

Y el que no ahorra, ¿Necesita que le diga?

Además, si se acostumbra a guardar el 10% (debe ser lo primero que toma de su cheque, nada más cierra los ojos, lo echa en un tarro o en el Banco, y se olvida de que existe), es posible que no se acostumbre a lo contrario: a gastar más de lo que gana, y a cubrirlo con tarjetas de crédito y préstamos a alto interés que lo convierten en esclavo de por vida.

PRINCIPIOS DEL CAPÍTULO

• Tendemos a hacer números alegres, o sea, a no presupuestar todos los costos reales involucrados en el producto que vendemos. Antes de sacar su producto a la venta, escriba absolutamente todos los costos. No deje nada por fuera. Usamos el ejemplo de los perros calientes: recuerde que no sólo ocupa el pan y las salchichas. Está la salsa de tomate, la mostaza, la cebollita picada... No olvide el alquiler o el pago del empleado; o costos indirectos como la gasolina para ir a comprar el pan. Deje un porcentaje para imprevistos (p.ej. las salchichas que se pusieron malas). Una vez que tiene todos los costos, puede fijar un precio. Si el precio no es competitivo, debe revisar sus costos, y ver qué ajustes puede hacer. Cambiar proveedores, reducir desperdicios, ¡piense! Si no saca tiempo para establecer sinceramente todos sus costos, está condenado a perder dinero y a pedir prestado para cubrir las consecuencias de su falta de planificación. Si no sabe cuánto le cuesta, ¿cómo le va a fijar el precio?

• Si los números son muy ajustados, siempre puede probar aumentando el precio. A veces, es mejor vender menos, pero ganar en cada unidad, que vender muchísimo, ¡sólo para darse cuenta de que estaba teniendo pérdidas!

• Reinvierta en su negocio. Hasta que no esté firmemente establecido, y produciendo ganancias reales, no tiene derecho a usar su empresa de caja chica para comprarse casa nueva, viajes... Eso vendrá con el tiempo, tenga paciencia. Si se come las semillas, ¿cómo va a cosechar mañana?

• No crezca demasiado basado en deuda. Si algo sale mal, y las deudas son altas, un monto pequeño de intereses puede derrumbar una empresa de millones.

• El efectivo es rey. Nunca se quede sin efectivo por más que le presenten buenas oportunidades. Si se queda sin flujo de caja, puede perder lo que ya tiene.

- No mezcle dineros entre empresas. Puede descapitalizar una empresa exitosa para financiar una fracasada que lleva a cuestas y que debió enterrar hace tiempo. No gaste en perfumes caros para que el muerto huela rico. El muerto, muerto está. Acéptelo, llórelo, entiérrelo, y olvídelo.

- Ahorre un 10% de lo que produzca. Si tiene que dejar de ir a restaurantes de lujo, eso es preferible a que --si le llegan las vacas flacas-- tenga que pedir prestado para comer. Y usted no tiene que andar el mejor auto, ni vivir en la casa más grande, **cuando lo debe todo.** Si usted necesita andar en el último BMW para impresionar a sus amigos, usted no necesita un auto nuevo: lo que necesita son nuevos amigos. Dos de los hombres más ricos del mundo, Warren Buffet y Sam Walton de Wal-Mart (cuyos herederos ocupan los puestos 5 al 8 entre los más ricos del mundo), vivieron siempre en la misma casa -sin ostentación. Y manejaron el mismo auto por muchos años. Tal vez esos son casos extremos... Pero usted capta la idea.

- Si un negocio definitivamente no da ganancias, olvídese de él y consígase otro. Siga pensando. Una idea que no salió bien no es el fin del mundo. Pero ante todo, no sea de los testarudos que no hacen caso a su propio instinto (o que simplemente, no planifican) y terminan perdiéndolo todo.

- Finalmente, dicen que al dinero le gusta que le tengan respeto. Y que cuando uno ahorra, no sólo tendrá mayor éxito para sortear los malos tiempos, sino que atrae más: de alguna forma, tener algo en el Banco, atrae oportunidades... ¡Y más dinero! Y también paz. Porque no hay nada que dé más serenidad que el saber que aunque las cosas vayan mal por unos días, estaremos bien...

LEY #4.
MANTÉNGASE ENFOCADO,

Y ESCOJA LAS OPORTUNIDADES CON SABIDURÍA

Dijimos que no hay mayor suerte que tener una empresa o un trabajo que nos guste y nos realice. Cuando hacemos lo que amamos y dedicamos las horas a nuestra verdadera pasión, la energía parece no acabarse.

¿Cómo? Hago lo que me gusta y tras de eso ¿gano dinero?

Es como un auto. Cuando va en cuesta, subiendo, gasta más; pero en autopista a 120, la gasolina rinde y rinde... Y si además nos va bien económicamente (que es generalmente el resultado de estar enfocados), comenzamos a sentir que tenemos tiempo para más; que nos sobra energía y tiempo...

Aunque esto es una gran bendición, si nos descuidamos puede surgir algo negativo: esta energía adicional puede hacernos caer en la tentación de la ambición, de la avaricia, y llevarnos al abismo de perder el enfoque...

Y nunca podemos olvidar que el día solo tiene veinticuatro horas, y que sólo tenemos una cantidad limitada de energía...

a. El que tiene tienda que la atienda

"El hombre que tiene su propósito grabado a fuego en cada fibra de su ser, el que tiene la facultad de concentrar sus energías dispersas en un punto como un cristal ardiente enfoca los rayos dispersos del sol, ese es el hombre que tiene éxito." Orison Sweet Marden

Mi hermano Gilberto, quien es sólo un año menor que yo, es uno de los empresarios más exitosos que conozco. Ordenado, trabajador, y sobre todo, tremendamente enfocado. Muchas veces le han propuesto todo tipo de negocios *"buenísimos"* (¡hasta yo!).

Pero él siempre se ha mantenido fiel a sus principios, y a la empresa que fundó cuando tenía sólo dieciséis años, y que por casi 30 años ha hecho crecer hasta ser la más grande de su ramo en Centroamérica. Nunca ha aceptado entrar en negocios que no sean parte de lo que hace. Y probablemente si algún día viola este principio, cometería un tremendo error. Porque al permanecer enfocado y dedicar todas sus energías a su empresa, se está asegurando ser el mejor y seguir en el mercado muchos años.

'El que tiene tienda, que la atienda´.

Si tienes un negocio, cuídalo con todas tus fuerzas.'

Siempre que explico este tema, pongo un ejemplo tan real que asusta. Digamos que usted es un empresario exitoso. Hizo números y proyecciones, y sabe que si trabaja fuerte y cuida su negocio, este año su empresa va a ganar $100.000.

Ahora, como le está yendo tan bien, todo el mundo quiere hacer negocios con usted, ¿cierto? Un día se encuentra un amigo que tenía tiempo de no ver, y resulta que tiene una idea ¡*buenísima*! Y ha estado buscando a alguien como usted. Es más, definitivamente, la vida se lo mandó. Es el destino. No se hable más. Usted es el socio perfecto para ese negocio. Y además está facilísimo; es ¡dinero en el bolsillo!

La idea es una plantación de Teca que está lista para cosechar. Usted no sabe nada de madera o bosques –ni siquiera recicla- pero su amigo es ingeniero forestal, ¡y él sabe!

Usted analiza el asunto, le suena (además, fue el destino, ¿no?), y se da cuenta que si todo sale bien, se podría ganar $60.000 en este negocio. Y la verdad es, le sobra algo de tiempo. Su empresa va sobre ruedas. No tiene que estar siempre allí, pues tiene buenos asistentes que ya saben manejar todo. Además, usted se propuso aprender a delegar, porque ha leído en libros que hay que hacerlo. Y su primera conclusión es que en el mismo tiempo y con un esfuerzo similar, ganará 160, no 100.

¿Le suena conocido?

Si es empresario, y por definición le gustan los negocios, sé que esto le ha pasado.

Ahora, en vez de uno, tiene dos negocios.

"Soy dueño de 'varias empresas'. Ya estoy formando mi imperio. Soy un magnate... ¡Qué exitoso!"

Mientras anda con su espíritu magnate, va a otra reunión, y sucede lo mismo. Otro amigo, otra idea, hace números... *Si hago los tres negocios, este año me gano ¡$200,000! El doble de lo que pensé que me iba a ganar al iniciar el año. ¡Gracias Dios por esta oportunidad!* Hasta reza y da gracias, porque ahora si va a pegar su home run y va a pasar a las grandes ligas... ¿Cierto?

¡FALSO! ¡FALSO! ¡FALSO!

¿Qué dijimos de que el día sólo tiene 24 horas? ¿Y cuánta energía tiene usted? Sólo una cantidad limitada. ¿Y el secreto del éxito? El enfoque.

Entonces *¿Qué va a pasar con usted?*

Resulta que ahora, tiene que estar encima de tres negocios, dos de los cuales, ni le gustan. Y lo más probable es que tenga que desplazarse de un lado para otro. Y va a tener que estar "cambiando de cinta".

Reunión de marketing del negocio de mariposas a la una.

A la una y media es con el nuevo cliente del negocio de ropa (pero voy tarde, porque se extendió lo de las mariposas. Llego a las dos. De por sí es un cliente pequeño, no es tan importante).

A las dos y treinta quedé de llamar al abogado que está haciendo aquel contrato. Bueno, lo leo en carrera, de por sí el abogado es el que sabe. Y yo le dije que hiciera algo sencillo.

A las tres, me toca junta del negocio de reforestación. ¿Ataque de Hormigas? Nunca había escuchado de eso. La verdad es que no sé nada de árboles. ¡Hasta me escapaba de mi clase de biología en el colegio!

¿Qué más? Tengo que ver a qué hora pongo la denuncia del robo que hubo en la fábrica de ropa. ¿Y qué hago con aquel tipo? ¿Lo despido? ¡Ese también está robando! Pero hoy no tengo tiempo. Mejor lo apunto y lo hago mañana... ¡Pero si mañana hay gira! ¿Cómo? Aaay, les dije a los del Banco que mañana mandaba la propuesta para el financiamiento de la finca...

¡La propuesta! ¡Se me había olvidado por completo! Voy a tener que quedarme toda la noche... ¡Pero no puedo! Es la presentación de mi hijo en la Escuela... Aunque si no voy, él tiene que entender, ¡si trabajo tanto es por ellos!

Y las copias, ¡no saqué las copias!

¡Y cortaron internet porque se me olvidó pagarlo!

Y, y, y, y.... ¡AHHHHHHHHH!

Respire profundo. ¿Se estresó? Yo sí. Y eso que yo lo escribí... Me recordó tanto mi vida hace unos años... Inhale... Exhale... Inhale... Exhale...

¿Se acuerda al inicio de su año? Usted sabía que su empresa le iba a dar $100.000 y estaba contento. No era muchísimo, pero era bastante. Y se acuerda cómo antes de meterse en tanta cosa, podía jugar golf los martes en la mañana, y tenis los jueves. Y su esposa estaba contenta porque usted estaba sin panza, llegaba temprano, jugaba con sus hijos y la llevaba a cenar a buenos restaurantes... O su esposo estaba feliz porque usted tenía tiempo de ir al gimnasio, hablar con sus amigas y no le preguntaba todo el tiempo si se veía gorda.

¿Pero qué pasó? Que por ambicioso/a ¡se complicó la vida!

Si al leer esto se siente identificado, no se estrese. Relájese. Todos somos iguales y a casi todos nos ha pasado eso. No es el fin del mundo. Nos han vendido la idea de que la vida gira alrededor de hacer dinero, y más dinero, y luego un poco más. Usted, por más que se sienta Supermán (o *Supergirl*), sólo tiene capacidad para manejar BIEN un número limitado de cosas, sobre todo si es un empresario pequeño, sin un equipo excelente atrás suyo (que toma años formar). Las mujeres a veces pueden manejar varias cosas a la vez. Pero los hombres, no podemos. ¿O alguna vez ha intentado ver televisión y ponerle atención a su esposa, ambas a la vez?

Y con todos los negocios del ¨magnate¨, ¿qué pasó?

Resulta que las mariposas se murieron, porque les dio un virus (en realidad se las robaron, pero como usted no tuvo tiempo de chequear, se creyó lo del virus). Y su 'socio', como no había puesto dinero... Al final, en ese negocio que iba a ganar $60.000, terminó perdiendo $15.000.

Y el tercer negocio, la plantación de reforestación ¡la atacó una plaga de zompopas y lo perdió todo!

Esto, que parece chiste, ¡Me pasó a mí! Con zompopas y todo. Yo ni sabía que las zompopas podían comerse una plantación de madera. Aunque ¿sabe? Ahora que pienso, sólo recuerdo mandar montones de dinero para 'combatir la plaga', pero ¡nunca tuve tiempo de ir hasta la finca a revisar, ni vi una sola hormiga! ¿Hormigas? Sí, claro. Ok.

Mejor sigamos porque me da cólera sólo de acordarme.

Digamos que vendió la finca, recuperó la inversión, y sacó $5.000 de ganancia... Ni para pagar la gasolina... Finalmente, el negocio original, aquel que iba bien al principio, el de los $100.000... Pues como no estuvo allí controlando y manejando, dé gracias a Dios que produjo $75.000.

El único problema fue que su pobre asistente, María terminó tan fundida, ¡que renunció y se fue a hacer pasteles! Entonces, usted tenía $100.000 casi seguro al principio del año, pero como la avaricia se lo devoró, trabajó el triple, sufrió el triple, y terminó con $60.000.

Triste, pero cierto.

Si enfoca toda su energía en el punto correcto, siempre habrá buenos resultados. Pero si la dispara hacia todos lados, será tan débil que no podrá causar impacto.

No se meta en tanta cosa. No vale la pena. Vaya poco a poco. Poco a poco... Respire... Yo sé, yo sé... Los otros que están leyendo este libro también saben. Tranquilo. Ya pasó... Y si aún está en el medio del desorden, comience a tomar las medidas necesarias para salir de eso. Se va a volver loco y no va a maximizar sus ganancias. Y si nunca le ha pasado... Cierre los ojos y de gracias que está leyendo esto, y que como aprendió la lección, nunca va a dejar que lo mate la avaricia.

b. Cuándo tener varias empresas es posible.

Al comentar este capítulo con un buen amigo que tiene varias empresas, me rebatió que sí es posible hacerlo. Me puso ejemplos como Carlos Slim -uno de los tres hombres más ricos del mundo-, y un magnate de Costa Rica, Mesalles. Estos hombres que han logrado éxito en múltiples compañías en varios ramos.

Yo reconozco que mi amigo es sumamente disciplinado, pasa siempre trabajando, y tiene una inteligencia fuera del promedio que le permite "cambiar de cinta" de forma exitosa.

Por lo tanto, tiene un punto válido, PERO...

Si bien es cierto que hay gente que logra crear y manejar de forma exitosa varias empresas a la vez, resultan tan excepcionales que confirman la regla de que uno no debería meterse en tanta cosa. Además, no es algo que pueda lograrse de la noche a la mañana.

En casos de multimillonarios como Slim o Mesalles, ellos tienen muchas décadas en negocios, han sabido ir creciendo poco a poco, y han ido formando gerentes y mandos medios por muchísimos años, que logran convertirse en una extensión eficiente de sus mentores.

No empezaron con diez empresas en el primero o segundo año, sino que lo han logrado a través de cuarenta o cincuenta años como empresarios exitosos.

Aquí me viene a la mente Warren Buffet, quien junto a Gates y Slim se disputan el título de hombre más rico del mundo. Su compañía, Berkshire Hathaway, es dueña de intereses importantes en 63 compañías (incluyendo porciones de Coca-Cola, Johnson & Johnson, Procter and Gamble, y otras). ¿Y cómo las maneja? Escribe una carta cada año a los gerentes generales de estas compañías, dándole las metas para el año. No convoca a reuniones ni llama regularmente, y les tiene dos reglas:

1. No deben perder nada del dinero de sus accionistas.

2. No deben olvidar la regla 1.

Los magnates que llegan a tener muchas empresas, se crean a través de muchos años, y de un proceso en el cual forman equipos eficientes que se manejan en forma casi autónoma. Recuerde: es un proceso.

¡No se meta a magnate apenas le va bien en la primera cosa!

Este punto se relaciona con la diversificación, y al hecho de no poner todos los huevos en la misma canasta. Yo puse todos mis huevos en la canasta de bienes raíces, y cuando la burbuja explotó...

Pero, "diversificación" no significa que usted debe tener diez empresas por si le va mal en nueve. Es más, casi que le garantizo que si se mete en diez empresas, ¡le va a ir mal en nueve!

Si usted tiene ahorros o inversiones líquidas de respaldo fuera de su empresa, está cumpliendo con el principio de no poner todo en la misma canasta. Lo importante es que si mañana le va mal en su empresa no se quede en media calle y sin capital para iniciar algo diferente. Se lo digo yo. Resulta francamente complicado...

c. Despacio, que tengo prisa...

Ahora resulta que hablo maravillas de hermano y su empresa, como ejemplo de enfoque y crecimiento ordenado...

Pero la verdad es que ¡Como lo critiqué en su momento!

"Es que va muy lento. ¿Cómo no se ha comprado un Mercedes? ¡Él puede! Todo lo reinvierte en su empresa, ¡qué

barbaridad! Sí, la empresa va bien, pero él debería disfrutar el dinero... ¿Solo un viaje al año? ¡Podría pasársela viajando!

¿Recuerdan el cuento de la liebre y la tortuga? Yo era la liebre, astuto, rápido (según yo). Para mí, mi hermano era como la tortuga. Conservador, ahorrador, pasito a pasito, todo meditado, reinvirtiendo, cuidando hasta el último centavo.

¿Quién cree que ganó esta carrera?

Mi hermano no sólo ganó la carrera, sino el derecho de estar en mi libro, como ejemplo de cómo hacer las cosas bien. Ahora, además de una empresa consolidada, tiene reservas para estar tranquilo y para comprar el Mercedes Benz al contado si quisiera (aunque siempre ha sostenido que no tiene necesidad de impresionar a nadie.)

¡Cómo se aprende con los golpes! Y esa lección que aprendimos cuando niños, ese cuento de la liebre y la tortuga, termina siendo tan cierto:

> *A veces por tratar de ir tan rápido, no vemos los peligros hasta que los tenemos al frente.*
>
> *No vemos al tigre escondido entre los árboles, hasta que está a punto de comernos.*
>
> *O pasamos de lado de las oportunidades verdaderas y no les prestamos atención.*

Vamos tan enfocados en '*tengo que llegar, tengo que llegar, tengo que ganar, tengo que demostrar cuan exitoso soy*' que no pensamos en lo que deberíamos pensar. ¿Qué necesito para llegar? ¿Será este de verdad el mejor camino? ¿Qué tal si exploro por aquí?

Cuando vamos con calma, podemos detenernos y preguntar por direcciones. Ponemos atención. Hasta nos detenemos a ayudar a otro animalito en problemas. Y puede ser que ese animalito nos dé un consejo que resulta muy valioso. "No tomes el atajo, allí está el tigre".

Para muchos empresarios antes de esta crisis, fue algo así como *"El mercado de bienes raíces puede colapsar, no es buen momento de comprar más propiedades". ¿Cómo? ¿Cuándo dijeron eso? ¡Pero si acabo de comprar una propiedad de dos millones de dólares!*

Y el mercado se cayó. Y el tigre nos comió. Y la plata se perdió.

Pellizco a pellizco se mató un elefante. O despacio que tengo prisa, como decía mi abuelo. Que inteligentes eran mis abuelos.

Y que inteligente mi hermano que sacó el tiempo, se detuvo, y les puso atención...

d. Cuidado con crecer demasiado rápido

Acabo de decir que en la vida, es mejor ser prudente como la tortuga, que *"veloz"* como la liebre... Todas las lecciones que acabo de describir, se aplican directamente a los negocios: cuando vamos demasiado rápido, cegados por la ilusión de beneficios rápidos, tendemos a olvidar las fundaciones. Y recuerde que sin ellas, todo podría finalmente derrumbarse...

Es como un vaso de helados al cual se agrega Coca-Cola. La espuma comienza a subir rápidamente hasta salirse del vaso... Pero si la deja reposar un rato se dará cuenta de que en realidad, el vaso siguió por la mitad.

A veces, una empresa parece sólida y exitosa desde afuera, pero lo que vemos son sólo burbujas...

El crecimiento sano de una empresa debe ser suficiente para mantenerla competitiva, pero sin que crecer sea la meta última.

> *Y es un proceso, muchas veces un proceso largo, que no se da en un día, un mes o un año.*
>
> *La paciencia es la base de un crecimiento sostenible a largo plazo.*
>
> *Al final de cuentas, lo importante no es crecer, sino ¡ganar dinero!*

El crecimiento sano no pasa de un día para otro, o en un año. Es un proceso largo que requiere de planificación y paciencia, para lograr que el crecimiento sea sostenible en el largo plazo.

De hecho, leí hace poco que los empresarios chinos planifican a veinte años; esperan ver ganancias reales hasta después de veinte años. Yo me volvería loco. Pero hay que reconocer que son empresarios muy exitosos, por lo que algo deben estar haciendo bien.

Mi idea es que debe planificarse el crecimiento en ciclos de siete años. Hay algo cabalístico con el número siete en todas las culturas. En la Biblia, las vacas gordas de José duraron siete años; la sequía también duró siete años. Siete días tardó Dios en hacer el mundo. El siete siempre significa el final, lo completo... Pero aparte de lo cabalístico, tiene sentido. ¡Los años pasan tan rápido!

Los primeros tres años son para conocer la empresa y poner las fundaciones; definir y probar los productos; crear un buen equipo; tener costos claros y proveedores confiables; conocer a los clientes y a quiénes no quiere de clientes; y crear un fondo de efectivo para las emergencias.

Por ejemplo, si usted tiene un producto o concepto nuevo que no está totalmente probado, es mejor ir poco a poco, probando, mejorando y eliminando errores, en vez de hacer ventas masivas de algo que al final salió malo o más caro de lo que creíamos.

En Estados Unidos las empresas acostumbran hacer lanzamientos en mercados limitados o usan focus-groups para probar las reacciones de clientes potenciales, obtener opiniones y mejorar el producto, antes de realizar masivas inversiones en cubrir el país con algo que quizá no cumpla las expectativas. Si su producto no lo permite o si no tiene los recursos para este tipo de herramientas; el secreto es comenzar despacio, y recibir opiniones de los clientes conforme avanza. El error que no puede cometer es lanzarse sin paracaídas con un producto que al final ¡no le gustó ni a su abuelita!

Los siguientes cuatro años del ciclo son para crecer, paso a paso y con cuidado. Es igual que un matrimonio. Según las estadísticas, si todavía está casado a los siete años ¡las cifras de divorcio disminuyen dramáticamente! Si usted no pone bases firmes, es casi un hecho que su empresa no llegará a siete años; o pasará envuelta en deudas, problemas, demandas y reclamos, hasta que se le haga el milagro y pueda venderla o simplemente, cerrarla.

Ahora, entiendo que hablar a empresarios de paciencia, y de ciclos de 3 y 7 años, es casi como sugerir que nos clavemos agujas en las uñas por placer.

Nacimos con un virus bueno, que nos hace hervir la sangre: el **SDU-Sentido de Urgencia.** Sus síntomas son las ganas de avanzar, de ir hacia delante rompiendo las barreras que nos atraviesen para lograr los objetivos.

El problema es cuando muta en la rara enfermedad llamada **A.D.A.-Ansiedad de avance.** Las ganas se transforman en ansias de ir más rápido de la cuenta, sin medir las consecuencias... Queremos que todo pase ya, que la meta se alcance ya. Que el proyecto comience, que el producto se venda... La enfermedad se manifiesta, cuando por lograr lo que queremos pasamos por encima de etapas necesarias, ignoramos requisitos, exigimos resultados sin importar cómo se logren.

Pero el tiempo ganado de esa forma tiene una manera extraña de ser cobrado a quien lo toma: a veces por ganar un mes, se pierde un año o dos, y ¡se mete uno en cada enredo!

Nunca permita que el sano deseo de cumplir sus metas, evolucione en algo negativo que le haga perder la perspectiva. ¡Es un proceso! Y como tal, lleva tiempo y etapas que no pueden ser obviadas.

Existe además otra verdad en esto del crecer por crecer: entre más grande es la empresa, más difícil de controlar, de maniobrar, de ajustar el rumbo.

Cuando salieron las computadoras personales, IBM era tan pero tan grande, que se la comieron competidores como Dell, ¡que empezó en un garaje a sus 15 años!

Es mejor ser pequeño y hábil como David; que gigante y tontón como Goliat. El pequeño David llegó a ser rey. Pero para pasar de pastor de ovejas a ser el rey más famoso de la historia, pasaron muchos, pero muchos años; y requirió tiempo y disciplina.

Apple, al principio, estuvo a punto de quebrar, víctima de su propio éxito... Por ir tan rápido y sacar una computadora que no estaba lista –y que resultó un fiasco-, estuvimos a punto de perdernos de la empresa que nos dio el IPhone y el IPod.

Aunque después de leer la biografía de Steve Jobs –y saber todo lo que superó- puedo afirmar que si Apple hubiese quebrado, él habría aprendido la lección, y un año después habría fundado "Grape", y nuestras computadoras y teléfonos **¡*tendrían como símbolo una uvita*!**

Hay gente que nació para ser grande ¡no importa los obstáculos que la vida le presente!

e. Cuidado con las 'oportunidades'

Decíamos que cuando tenemos cierto nivel de éxito, mucha gente se nos acerca con propuestas de negocios. Todo el mundo tiene grandes ideas, y generalmente, lo que requieren de usted es 'sólo' que ponga un poco de dinero.

Una de las lecciones más importantes que se debe aprender en este tema es:

No todo lo que brilla es oro, ni todo lo que parece una oportunidad, lo es. La ruina se disfraza de oportunidad, porque si no nadie la perseguiría. Aprender a distinguir las oportunidades verdaderas de las falsas no sólo asegura nuestro éxito sino que evita la caída.

En las oportunidades verdaderas, usted:

1. Está preparado para ellas. Están en un campo que maneja, algo que le gusta y apasiona; y las andaba buscando.

2. Tiene recursos para hacerlo. No tiene que salir corriendo a pedir prestado y empeñar la casa y el negocio.

Cómo cuesta aprender la disciplina de aplicar algo que aprendí el otro día, cuando un amigo rechazó algo que parecía una buena oportunidad: *'Mira, sé que es excelente, pero NO es mi oportunidad. No tengo el dinero para hacerlo, y conseguirlo involucraría cometer todo tipo de irresponsabilidades. Esa oportunidad es para otro que esté mejor preparado.'*

Algo mágico pasa cuando somos responsables y no tentamos al destino... Las verdaderas oportunidades van a estar allí, en el futuro, cuando sí las vamos a poder tomar; cuando estemos preparados...

Analice la historia. ¿Su abuelo nunca le contó de las grandes oportunidades que hubo en su tiempo? ¿Y su papá nunca le contó cómo pudo haber comprado un terreno en la mejor zona, a sólo centavos de lo que cuesta hoy? Y le apuesto que a los primos de Nerón, en la antigua Roma, les salieron un montón de oportunidades por ser familia del Emperador. Lo mismo al mejor amigo de Calígula -aunque conociendo a Calígula, ¡seguro a ese lo mataron!-

El punto es que 'oportunidades' es un recurso infinito. Siempre ha habido, siempre hay y siempre habrá, porque están permanentemente allí, esperando. Es parte de la naturaleza creadora de un Universo que se expande, de un mundo que crece y mejora cada día. Pero lo que es terriblemente limitado es la gente realmente preparada para aprovechar esas oportunidades. Y no hay nada más triste que la oportunidad convertida en maldición porque no era nuestro tiempo. ¡Terminamos perdiendo hasta la camisa!

Como soy un optimista irremediable, siempre aconsejaba que las oportunidades había que tomarlas, que había que lanzarse, había que hacerlo, porque corríamos el riesgo de dejarlas pasar y lamentarnos por el resto de la vida. Hoy, aunque un poco más golpeado y un poco más sabio que cuando tenía 25 años, mi consejo es: si viene a usted algo que cree es una 'oportunidad', analícelo a profundidad.

No lo descarte de una; tampoco lo tome en el aire. Respire hondo, tómese su tiempo, y piense...

Si necesita poner dinero (generalmente es así), ¿ese dinero lo va a meter en problemas? ¿Los pagos van a hacerle la vida miserable? Si las cosas no salen como cree ¿se puede convertir en una maldición? ¿Qué está arriesgando por tomarla? ¿Es una oportunidad verdadera o sólo tiene esa apariencia?

Unos conocidos perdieron su casa por una 'oportunidad'. Vivían en un condominio bonito de $130.000 en una buena zona. Debían $60.000 y mensualmente pagaban $700 de hipoteca y $250 de gastos (electricidad, impuestos, asociación).

En total, $950. Entonces les ofrecieron una casa que 'valía' $400.000, el dueño tenía que 'venderla ya' y pedía 'sólo' $325.000. Parecía un gran negocio, con una 'ganancia automática', y venía con préstamo aprobado y no había que poner efectivo, pues el vendedor recibía su condominio como prima (tenían equity por $70.000).

Sonaba tan bien que era para tomarla al vuelo, ¿cierto?

Eso fue lo que pensaron ellos. Tenían un negocio pequeño y en ascenso, las cosas iban bien, y se sentían listos para dar "el salto". Y como parecía tan buena ocasión, la ilusión de una casa tan grande y tan bonita les hizo olvidar hacer números y preguntarse si realmente estaban preparados.

La nueva cuota del Banco eran $3000, más $300 de Asociación, $200 de electricidad, e impuestos de $2500 al año. Por lo tanto, sus gastos subieron de $950 a $4000 mensuales. Entonces, los intereses ajustables se incrementaron, y cuando se dieron cuenta, los pagos significaban $5000, y su negocio - aunque producía-, no daba para tanto. Para colmo, bajó el mercado. Si vendían la casa si acaso obtenían $300.000. Al final, se fueron a remate -no podían pagar $5000 al mes- y terminaron perdiéndola al no encontrar un comprador a tiempo.

¿Oportunidad o maldición?

Cuidado con lo que sólo parece oportunidad. No se emocione demasiado. El asunto no siempre es hacer dinero. Eso es vana ilusión. Se trata de ir tranquilo, disfrutando de lo que uno hace, creciendo poco a poco. Y no me entienda mal: hay que crecer, tener ambición e ir siempre hacia adelante, pues no existe el 'estar detenido'. Usted avanza, o retrocede. Pero hay que ser inteligente y cuidadoso: aprender a tener buen olfato, y ser sincero con uno mismo.

En el ejemplo anterior, mis amigos quisieron ir más rápido de la cuenta. Violaron el principio del presupuesto, pues no midieron si contaban con los recursos para hacerlo. También violaron el principio de paso a paso, no me llevo el golpazo.

Para reconocer las oportunidades verdaderas, ¡prepárese!

Estudie, aprenda, ¡ejercite su cerebro!

Si está interesado en un tema, lea todo sobre eso.

Aprenda idiomas. Aprenda contabilidad y números. Esté listo. Tiempo y oportunidad llegan a todos. Pero si no está preparado, no va a poder aprovechar -o distinguir- entre oportunidad y maldición. Si sólo sabe que existe el color verde, ni se va a dar cuenta cuando la vida le presente oportunidades azules, rojas o blancas...

f. Una nota sobre el optimismo (de parte de un optimista)

El optimismo tiene al menos dos lados.

Uno de ellos es fabuloso, y se traduce en la capacidad de enfrentar el fracaso y los contratiempos pensando, 'ummm, ¿me pregunto qué será lo bueno que va a salir de todo esto? Después de un fracaso, el optimismo nos deja usar los restos de "lo que era" como bloques de construcción para lo que queremos que sea.

Un optimista cree en él /ella, y sabe que todo es posible para aquellos que creen.

Pero hay que tener cuidado con el lado negativo del optimismo: el exceso puede cegarnos a la realidad. Por ejemplo, al hacer números para un nuevo negocio, podríamos tender a ignorar los costos ocultos o posibles problemas, ¡porque queremos tanto que el negocio funcione! O podemos subestimar una situación potencialmente peligrosa, o incluso, los efectos de una crisis (recordemos el 2007)

Hay que ser optimista. Aparte de que los optimistas viven más tiempo, yo en general los prefiero a los "realistas" (esos no hacen nada, porque, bueno, es "imposible". ¿Volar en un avión? Esos hermanos Wright estan loooooocos!)

Sin embargo, hay que buscar el equilibrio.

Hay que creer y aceptar que podemos lograr cualquier cosa que nos propongamos hacer; pero a la vez hay que mantener los ojos abiertos a las amenazas y prestar atención al medio ambiente.

Escucha a tu corazón, pero también escucha el tráfico: ¡no quieres dejar de escuchar ese tren que viene directo hacia donde estás!

PRINCIPIOS DEL CAPÍTULO

- El que tiene tienda, ¡que la atienda! Cuando concentra toda su energía en un emprendimiento, -y no comete los errores estudiados en este libro- es casi un hecho que será exitoso. Pero si su atención comienza a dividirse y trata de tener muchas empresas sin estar preparado—sin haber pasado por el proceso-, van a comenzar los fracasos.

- La avaricia mata. Genera estrés, y destruye la felicidad. Gente con mucho dinero pasa tan ocupada haciendo cosas que detestan, que no tienen tiempo para la esposa, para los hijos, para los amigos, ni para jugar Golf de vez en cuando. ¿Cuánto dinero es suficiente?

- Los empresarios con varias compañías exitosas, han pasado muchos años construyendo sus imperios, entrenando gerentes y mandos medios, y probándolos a lo largo del tiempo. Han reducido la administración a manuales y procedimientos; han convertido todo en una ciencia. No se meta en más cosas hasta que haya reducido su primera empresa a una ciencia, y hayan pasado años suficientes para que esté muy consolidada. Y aun así, tenga mucho cuidado.

• Diversificar -no poner los huevos en la misma canasta-, no significa necesariamente tener varias empresas. Significa tener inversiones líquidas y ahorros en actividades diferentes, de manera que si llegan vacas flacas, no corra el riesgo de quedarse en la calle.

o No todo lo que brilla es oro. La maldición se disfraza de oportunidad, porque nadie la perseguiría si ve su verdadera cara... Dedique tiempo y energía a analizar cada oportunidad. No se apresure.

• Nunca tome una oportunidad que es "sólo hoy". Ya está muy viejo para seguir creyendo que "si no compra hoy, aquí, en este momento, la oferta se acaba". ¡Esa es la primera técnica que enseñan en ventas, especialmente de tiempos compartidos! Si ellos no quieren que lo piense, hay una razón. Probablemente, si analiza el asunto se va a dar cuenta de que es una tontería o una simple estafa.

o Piense en las consecuencias. ¿Qué pasa si esto no es exactamente como me lo pintan? ¿Qué pasa si no sale exactamente como se supone? ¿Estoy arriesgándolo todo?

o Ese dinero que tiene que poner ¿tuvo que pedir prestado y empeñar hasta la camisa? ¿Tuvo que cometer irresponsabilidades, dejar de pagar cosas importantes, con tal de "tomar" la 'oportunidad'?

o Algo mágico pasa cuando somos responsables y no tentamos al destino; cuando somos valientes en reconocer que no estamos preparados para algo. El destino se encargará de mandarnos oportunidades verdaderas cuando estemos preparados para decir que sí. O mejor aún, sepa que simplemente van a estar allí esperando por usted, porque el Universo es un especialista en crear y producir oportunidades infinitas.

o Prepárese, estudie, aprenda. Así ampliará el campo de acción en que la vida puede presentarle opciones.

o Siempre recuerde el cuento de la liebre –que parece más inteligente y más rápida-, y la tortuga –que va despacito, y no parece tan "cool"-. Pero la tortuga tiene tiempo de poner atención, pedir consejo, entender lo que pasa alrededor, y efectuar correcciones a tiempo. En cambio, hay tantos restaurantes que venden estofado de conejo...

TERCERA PARTE

CÓMO RELACIONARSE CON OTRAS PERSONAS.

LOS SOCIOS, LOS AMIGOS, LOS CLIENTES Y LOS EMPLEADOS

Debo iniciar esta tercera parte con una advertencia: No importa que tan buena persona sea usted, o cuantas veces a la semana vaya a la Iglesia, o si ayuda a los niños pobres, o hace el bien sin mirar a quien: sepa que hay gente mala allá afuera; gente que quiere quitarle lo que es suyo. En esta vida hay que tener cuidado, y desarrollar la capacidad de identificar a los devoradores, a los escorpiones.

Proverbios 6:12-14 hace una precisa descripción de la gente mala. *"El malvado y el indigno, anda siempre con mentiras. Guiña los ojos, hace señas con los pies, señala con los dedos...piensa siempre en hacer lo malo, y siembra la discordia (provoca peleas)."*

Cuando leí este pasaje, de inmediato pensé en un par de personas...

Yo le aseguro que en su mente vio a alguno que otro conocido...

El mundo de los negocios -grandes y pequeños-, es una selva donde los ingenuos y los confiados son devorados sin misericordia. Y los empresarios somos los más ingenuos y confiados, porque tendemos a ser arrogantes. Creemos que lo sabemos todo, y nos sentimos tan inteligentes que no investigamos, hacemos las cosas a la carrera, y terminamos aprendiendo a golpes.

Ahora, no se trata de caminar por la vida **asustados**; se trata de caminar **preparados**. Si usted anda en medio de la selva, pero tiene GPS, un teléfono satelital, muchas provisiones, y un traje a prueba de mosquitos, culebras y animales salvajes, ¿Cuál es el problema?

Pero si anda desnudo, y piensa que las culebritas de colores son muy lindas, que las arañitas son como las de las fábulas, que los tigres son sólo gatos grandes, y que el lobo es familia de su Schnauzer ¡usted está en dificultades!

En esta tercera parte analizaremos el tema de los socios, los empleados y los clientes; la importancia de tener contratos sólidos, de tener buenos controles y de saber comunicarse. Si usted aplica estos principios, podrá desenvolverse en la selva de la vida como el más experimentado explorador.

LEY #5.
ESCOJA BIEN A SUS AMIGOS, SUS CLIENTES Y SUS SOCIOS.

"El tonto cree todo lo que le dicen;

el prudente (sabio) se fija por dónde anda"
Proverbios. 14:15

"Cuando todo va bien, no se sabe quién es amigo, pero cuando todo va mal, se sabe quién es enemigo. Cuando las cosas van bien, el enemigo se hace amigo, pero cuando van mal, hasta el amigo te abandona."
Eclesiástico 12: 8-9

Decíamos que el mundo de los negocios es una selva donde los ingenuos y los confiados son devorados sin misericordia. El problema real es que somos terriblemente malos jueces de carácter, y nos dejamos manipular. Al final, lo que queremos es que los demás nos *quieran* y nos *"acepten"*.

¡Pero cometemos unos errores en nombre del *'amor'*!

Ahora, también dijimos que no se trata de caminar por la selva **asustados**; sino de caminar **preparados**. En negocios, caminar preparados significa hacer buenos contratos, no confiar en la gente, afinar el radar y confiar en el instinto: algo dentro de usted va a intentar prevenirlo cuando esté a punto de cometer un error. Llámelo sexto sentido, Ángel de la Guardia o Espíritu Santo.

"Pero es que necesito hacer esa venta... Pero es que necesito ese socio... Pero es que tengo que impresionar a esos clientes... Y parecen gente buena. Quizá hasta terminamos en una bonita amistad..."

Lo único que puedo responderle es:

En negocios, ¡no hay amigos! Nadie que es su contraparte en un negocio tiene el interés de usted en la mente. Ni su socio, ni su empleado, ni su cliente... Todos buscarán satisfacer primero sus propios intereses.

Los judíos tienen fama de excelentes empresarios, y por eso siempre hacen mucho dinero. Dicen que un padre dijo a su hijo: *'A ver hijo, déjese caer para atrás, yo lo agarro'*. El pobre hijo se deja caer, y el padre permite que el niño se dé un golpe tremendo. Llorando, el niño pregunta *"Padre, ¿por qué?"*. Y la respuesta es:

"Para que aprendas a que nunca, nunca ¡nunca! confíes en nadie..."

Generalmente, sus socios estarán viendo cómo obtienen un mayor porcentaje de acciones a cambio de menos esfuerzo o de menos dinero; y sus clientes estarán buscando pagar menos, un plazo más largo o mejores condiciones...

Para lograrlo, le van a sonreír y lo invitarán a la fiesta de cumpleaños de los hijos, a la primera comunión de la sobrina, a la cena de fin de año... Porque saben que el día y la hora escogido, usted se va a sentir comprometido, y por querer quedarles bien, va a dar a sus nuevos 'amigos, camaradas y compadres', lo que quieran.

No significa que no conocerá gente interesante, con la cual desarrolle relaciones de negocios y personales. Pero esas son excepciones y tiene que entenderlas como tales. NUNCA OLVIDE:

Ante el primer problema en un contrato, las amistades desaparecen.

Y cuando hay dinero de por medio, hasta las familias se pelean.

No hay nada como la muerte de un familiar sin testamento -ojalá con algo de dinero-, para que salgan las verdaderas personalidades.

¡Imagínese alguien a quien acaba de conocer por un negocio!

a. Amigos y Negocios

Cuando se trata de hacer negocios con amigos, sin duda es muy difícil mezclar ambas cosas y generalmente termina siendo fatal para la amistad.

Si dijimos que hay que tener cuidado con los amigos surgidos de los negocios, hay que tener aún más cuidado en hacer negocios con amigos. John Rockefeller resumió este principio de forma extraordinaria: *'Prefiero mil veces una amistad nacida de un negocio, que un negocio nacido de una amistad'*

En medio de los negocios, problemas y dinero, las personalidades verdaderas, los valores, los principios, y hasta la capacidad de mantener la calma y no gritarse tonterías, van a salir irremediablemente. Si puede forjar y mantener una amistad después de todo esto, es porque hay verdadera compatibilidad. Pero en medio de una fiesta, con traguitos de por medio y riéndose de chistes ¡todos parecemos tan simpáticos!

No base sus decisiones de negocios en qué tanto ríen de sus chistes, porque le puedo asegurar que usted no será quien ría de último.

Espero que no tome a mal lo que he tratado de decirle. No estoy traumado ni creo que todo el mundo es malo. Simplemente creo que en la vida y los negocios hay que tener cuidado. Lo que pasa es que me he llevado golpes por confiado, pero más que eso, por haber sido descuidado y por hacer las cosas a la carrera y no detenerme a analizarlas a profundidad.

Creo firmemente que hay gente buena de la cual podemos aprender, y es nuestro deber buscarlos. Pero en principio, hay que tener mucho cuidado al elegir un socio, un empleado y hasta un amigo, porque el riesgo de perder todo es enorme.

b. El asunto de los socios.

Socio es alguien a quien buscamos por su capacidad de aportar a un posible negocio algo que no tenemos. Llámese dinero, contactos, ideas, un local, un talento o capacidad excepcional... Algo que necesitamos, y ese alguien aparentemente lo tiene y está en disposición de aportarlo a un emprendimiento destinado a que ambos obtengamos beneficios.

A primera vista, suena bien. Esa persona "me completa".

'*You complete me*', como dijo Jerry Mcguire a su novia en la película. Sin embargo, esta definición no describe la realidad de lo que pasa cuando las personas deciden unir fuerzas, talentos o dinero para conseguir una meta o un objetivo.

1. Objetivos de la sociedad.

En la definición anterior, no mencioné "objetivos", ni mucho menos la necesidad de que estos sean "comunes". Un primer problema entre socios surge porque **no necesariamente tienen el mismo objetivo en mente.** El siguiente ejemplo ilustra esta afirmación.

María hace unos pasteles muy buenos. Toda su vida ha soñado con hacer pasteles, le encanta y lo ha definido como su "propósito en la vida". Pero no sabe vender. Karla es una vendedora excepcional, de las que vendería paraguas en medio de la sequía. Un día, ambas se encuentran en una fiesta, comienzan a hablar, y ¡Eureka!. María quiere hacer pasteles, Karla está sin trabajo, y son la combinación perfecta.

¿Cierto? Vamos a ver.

¿Cuál es el objetivo de María? Cumplir su sueño de hacer los mejores pasteles del mundo 'para ser feliz'. ¿Y el objetivo de Karla? Como la situación está un poco mala y no hay trabajo, vender pasteles es una oportunidad para ganar un dinero e irla pasando mientras tanto. ¡Ahhhh! Porque es mientras tanto... Cuando se mejore el mercado de bienes raíces, eso deja más dinero...

Siempre tenga claros sus objetivos y los de su socio: ¿qué es lo que ambos esperan del negocio? No necesariamente el hecho de que sean diferentes a los suyos es un problema insoluble. Pero necesita saberlo.

En este caso los objetivos de ambas son tan diferentes que como socias van fracasar. María, fiel a su objetivo, va a poner su alma y corazón en los pasteles. Karla por su parte, va a vender pasteles mientras mira propiedades para estar lista cuando suba el mercado. ¡Y lo peor es que es diabética! No puede ni comer pasteles, por lo que no ha verificado que tan ricos son. Ni cree en el producto, ni le interesa...

Karla y María no debieron haberse asociado. Como no tuvieron cuidado en descubrir los objetivos que tenían en mente, ahora están atrapadas en una situación complicada. Tras de eso, acordaron verbalmente que las ganancias serian distribuidas 50%-50%:

Pero Karla entendió que era 50-50% del precio de venta, mientras María entendió que los materiales, que ella esta comprando, se rebajaban.

Cuando logren terminar su pesadilla, no se volverán a hablar.

Este ejemplo lo llamo 'Paradoja de Objetivos Dispares- POD'.

O *PODríamos haber hablado un poco más antes asociarnos...*

2. *Cuando ambos aportan dinero.*

En el caso de sociedades en las que ambos aportan dinero, por ejemplo, para comprar una propiedad:

A menos que tenga bolsillos profundos (y llenos), escoja siempre socios que estén a su mismo nivel o sólo un poco más arriba.

¿Por qué? Porque cuando se necesite más dinero -y siempre, siempre, ¡SIEMPRE! se va a ocupar poner más dinero del que se creía-, usted necesita que su socio esté en su misma o en mejor capacidad de aportarlo. Si usted tiene mucho dinero, no hay problema, lo pone y ya. Pero si ninguno de los dos tiene, y hace falta, ¿qué hacen?

El que termina poniendo el dinero se resentirá porque el otro no puso "en el momento de la prueba". Y el que no puso se resentirá porque el que puso quiere un porcentaje mayor de las acciones. ¡Aprovechado!

3. *Cuando se aporta un 'talento'.*

En este caso uno de los socios no aporta ideas o dinero, sino "un talento especial", como en el caso de Karla y María. Este talento puede ser un excelente chef (para un restaurante), un gran vendedor (para un negocio de lo que sea), un buen administrador, el mejor mecánico para un taller. Nadie niega que tener a esa persona en su empresa pueda ser una excelente opción, y va a traer beneficios.

Pero, ¿Necesita hacerlo socio?

¿Necesita que alguien le diga lo que puede hacer o no hacer con su empresa?

¿Necesita alguien que lo controle y se enoje porque usted, que puso el dinero, la idea y hasta el local, llegó un poco tarde a la oficina?

La solución puede ser contratar un buen empleado y pagarle bien, y no conseguir un mal socio.

Si usted pone el dinero y las ideas y su socio sólo aporta un "talento", analice primero si es mejor contratarlo como empleado.

Al final, si tiene un restaurante y hace socio al chef, le aseguro que lo primero que se rebaja de los ingresos es el '*salario*' de él; y de lo que quede –¡si queda!-, se reparte la ganancia.

O sea, su socio es el único que tiene asegurado recibir algo, aunque el negocio vaya mal. Y el que puso todo muchas veces termina siendo necesario únicamente para pagar facturas o resolver problemas.

¡Pero nunca para ver ganancias!

c. Características del socio ideal.

Pero relájese…. Es posible tener sociedades exitosas. El secreto es escoger bien y recordar que no todos sus amigos, o los que le caen bien o le parecen buena gente, pueden ser sus socios. Recuerde lo que dijo Rockefeller…

Si después de analizar todo el panorama, decidió que necesita un socio, comience a buscar. Siempre es deseable que su socio comparta y esté comprometido con sus objetivos. Además tiene que ser un contrapeso, un balance. Si usted es de los que ve el panorama grande -el "big picture"-, necesita un socio que vea los detalles. Si es buen vendedor o un buen creador, pero malo con números, controles o administración, necesita uno ordenado.

Su socio ideal debe ser una persona positiva, con valores similares, y de las cual esté en capacidad de aprender. Busque personas honestas y con principios; y apártese de personas mentirosas, exageradas, aduladoras, que se jactan de romper leyes o reglas (romperán el contrato con usted) y por supuesto de gente violenta o de mal temperamento.

Hable con sus socios potenciales. Entrevístelos. Por la boca muere el pez, y un sinvergüenza se reconoce con sólo hablar con él un rato. Algo dirá, alguna historia contará, que le permitirá reconocer su verdadero yo. Una vez alguien a quien admiraba me contó cómo se había aprovechado de un error en una publicidad para ir a un restaurante con 5 amigos, pedir lo más caro, y al final, no pagar basado en ese pequeño error. Eso me hizo cuestionarme las cosas positivas que creía de esa persona.

Por otra parte, como ya mencionamos, es preferible que su posible socio tenga condiciones económicas similares o sólo ligeramente superiores. Hay que tener cuidado al asociarse con alguien que está demasiado 'arriba', porque el día que exista algún problema, podría tener la capacidad de aplastarnos sin misericordia.

Eclesiástico 13:2-4 advierte: *No levantes un peso superior a tus fuerzas, ni te juntes con personas más ricas que tú. La olla de barro no se pone junto a la de metal; si chocan se rompe. Si eres útil al rico, hará que le sirvas; si le resultas inútil, te abandonará."*

Además -y me pasó una vez-, como tienen el dinero que necesitamos, puede ser que exijan condiciones poco beneficiosas, a las cuales, en nuestra desesperación de "hacer el negocio", y porque a veces estamos "encandilados" por el dinero ni siquiera prestamos atención o analizamos a profundidad.

En esto último -como en todo en la vida- hay que aplicar sentido común. Si Bill Gates me ofreciera hacerme su socio, ¡me olvidaría del principio! (Quizá lea este libro, le guste y piense que podemos hacer un programa llamado "Microsoft Entrepreneurs". Bill, ¡estoy disponible!)

Tengo un amigo al cual una compañía muy grande le ofreció comprar su empresa. Había una buena cantidad de efectivo al frente, y el quedaba con acciones de la compañía grande, y como administrador de la pequeña. Por supuesto que aceptó. ¡Los milagros pasan!

Y cuando Wal-Mart llegó a Costa Rica, ofreció a la cadena de supermercados más grande comprarles el 51% y que ellos siguieran administrando, pero no tendrían el control 'final' La otra opción, era entrar a competir con la compañía de venta al detalle más grande del mundo. Ellos también se asociaron. Creo que entiende el punto.

Finalmente, le recomiendo estudiar ejemplos de empresas modernas. Encontrará casos cuyo éxito ha radicado en que los socios han sido complementos. Bill Gates, con gran capacidad de comunicación y habilidad social, se asoció con Paul Allen, un excelente ingeniero e inventor, y al combinar sus habilidades fueron exitosos. Steve Jobs y Steve Wozniak también hicieron una excelente fusión.

También encontrará ejemplos de sociedades que no funcionaron, en las cuáles uno le robó el invento al otro, o simplemente uno se murió y los herederos fueron una pesadilla, o en que los socios no eran compatibles y ¡terminaron odiándose! De esos casos también aprenderá mucho.

En conclusión:

Al buscar un socio, defina las características personales que desea y los objetivos de la sociedad. Tal vez sea un amigo o conocido, tal vez no. Quizá tenga que buscar durante un tiempo.

Siempre es mejor retrasar el inicio de su empresa que irse de bruces con el primero que se encontró en el camino. Irse de bruces duele.

Lo primero que uno pega contra el suelo es la quijada...

d. Los clientes

¡Qué importante es conocer a los clientes! Soy de la teoría de que no se trata de vender por vender y de que no hay que venderle a todo el mundo. Hay clientes tan problemáticos o tan difíciles, que pueden arruinar una empresa, y que el peor negocio que se puede hacer es ¡venderles!

Una vez una clienta me compró dos casas. Por tres meses revisó y cuestionó cada clausula, cada punto y cada coma de los contratos, ¡una y otra vez! Un día me canse, me enojé y dije ¡No le voy a vender! Entonces me lloró y me prometió que iba a cambiar. Y como me tocó el corazoncito, y la verdad, necesitaba el dinero, accedí a construirle las casas". ¿Y saben que pasó? ¡Era obvio desde el principio! ¡Me cuestionó cada paso de la construcción! Rentó otra casa en el proyecto y estuvo sobre mis trabajadores midiendo con milímetros cada pared, cada ventana, cada puerta. Me hizo repetir cosas. Dedicamos el doble de tiempo y recursos que a cualquier otra casa. Me desgasté, perdí dinero, y todos en el proyecto por poco nos volvimos locos. Y al final ¡no pude complacerla!

Este caso me enseñó una gran lección. Si un cliente da problemas desde el principio -desde el contrato, desde que usted está tratando de venderle-, de seguro le dará problemas a la mitad, a tres cuartos, al final, y ¡después lo va a demandar!

La gente no cambia, aunque prometa lo contrario. Evite la Ley de Paretto en la cual el 80% de su esfuerzo genera sólo el 20% de sus ingresos. Dedique su tiempo a identificar los buenos clientes, a los que cuestionan los contratos en forma razonable, a los que pagan a tiempo sin buscar pretextos.

Un punto fundamental en el análisis de su clientela es lo referente a la venta a crédito. Usted debe estudiar si los clientes pagan o no antes de ser muy flexible con las ventas a crédito. Si se hace un gigante en ventas en seis meses, pero vendió todo a crédito -sólo para descubrir que ese segmento de clientes no paga- ¿ahora qué hace? O puede que paguen eventualmente pero duren mucho haciéndolo, o se vean afectados por factores cíclicos Esto incidirá en sus costos, pues quizá tenga que pedir prestado para cubrir pagos diferidos o descontar facturas para mejorar flujo de caja.

Estudie los blogs en Internet para saber si los clientes están alabando o criticando su producto, présteles atención y haga las correcciones que sean necesarias. Un solo cliente, con razón o sin razón, poniendo cosas en su contra en Internet –puede poner su empresa de rodillas al esparcir rumores o críticas que alejarán otros clientes potenciales.

Finalmente, estudie si alguno de sus productos o servicios atrae cierto tipo de clientes que no quiere, ¡para descontinuarlo! O quizá solo ajustarlo para atraer una mejor clientela.

PRINCIPIOS DEL CAPÍTULO

Los buenos socios son como los diamantes, ¡escasos!

Los malos socios son como los diamantes... ¡Pueden salir carísimos!

El mundo es una selva. Si usted es ingenuo, y cree que las culebritas de colores son muy lindas y los tigres son sólo gatos grandes, se lo van a comer. Ande preparado y protegido, y le va a ir bien. Si no, puede perder hasta la camisa.

No se deje llevar por las apariencias. Quienes quieren robarle su dinero no llegarán disfrazados de asaltantes; sino de personas serias, confiables y simpáticas.

En negocios no hay amigos. Desconfíe de cualquiera que le ofrezca su amistad mientras está haciendo un negocio. Lo invitarán a cumpleaños, a primeras comuniones y hasta a misa con tal de obtener algún beneficio de negocios.

Buscamos a un socio por algo que no tenemos, pero que requerimos. Pero investigue. No siempre es cierto que el posible socio tiene lo que *"ofrece"*. Y si no hace las preguntas apropiadas o no tiene un buen contrato, puede terminar con un socio que le mintió, que no ha aportado nada, y ahora, ¡se lo tiene que aguantar quien sabe por cuánto tiempo!

Busque un socio con objetivos similares. Si estos o el nivel de compromiso son muy diferentes, las posibilidades de que le abandonen en medio de la tormenta son muy altas.

Cuando necesite alguien con un talento especial (chef, vendedor, mecánico), no importa que tan bueno sea, considere primero contratarlo como empleado antes que socio. Sino al final, termina pagándole salario, y además, dándole el 50% de las ganancias. Pero el riesgo ¡ese siempre es 100% suyo!

LEY #6.
ESCOJA BIEN A SUS EMPLEADOS.

En relación con los empleados, se aplica casi todo lo de los socios, incluyendo el principio de:

Los buenos empleados son como diamantes... ¡Escasos!
Y los malos son como diamantes. ¡Pueden salir carísimos!

Un mal empleado tiene la capacidad de arruinar una empresa. Un empleado resentido, sobre todo si maneja información sensible, puede despedazar hasta la compañía más grande. Recuerde que es realmente difícil cumplir con el 100% de todas las regulaciones, licencias, leyes, impuestos, cánones, y cualquier cosa que se inventen los políticos para tener poder sobre usted y su empresa. Por eso, un empleado tiene la capacidad casi innata de tener al Gobierno tocándole su puerta en un decir amén. ¡Aunque sea basado en mentiras!

Entonces, si sabemos que tienen tanto poder, ¿por qué metemos en nuestras empresas al primer hijo del vecino que se nos acerca con una historia de tristeza y nos pide trabajo?

¡Cómo me costó entender esto!

Mi esposa, que ha demostrado ser más inteligente que yo en algunas cosas (y digo en algunas porque si no, quién se la aguanta), siempre me superó años luz en esto. Para su empresa, sacaba un anuncio en el periódico y recibía 100 curriculums. Los revisaba UNO POR UNO. Sacaba los mejores 10. Los revisaba una vez más y escogía los cinco mejores. Llamaba a todas las referencias y chequeaba si eran de verdad (o si era el mejor amigo, el papá, o números falsos) Finalmente, si todo parecía bien, los llamaba a entrevista. Y por media hora les preguntaba de todo. ¿Y cómo es su mamá? (decía que hijos de mujeres controladoras, podían trabajar mejor con una mujer fuerte de jefe.) ¿Está casado y tiene hijos? (Para determinar cuan estable es su entorno) ¿Por qué duró ocho años en la universidad en vez de seis? (Para determinar si fue por tonto, o porque tenía que trabajar y mantener a cinco hermanos y estudiar de noche, y más bien es admirable). ¿Por qué salió de su último trabajo? Hábleme de su jefe anterior (si le habla mal de su último jefe, el día que se vaya de su empresa ¡va a hablar mal de usted!).

De los últimos cinco, elegía tres para una segunda entrevista. Y después de eso, escogía el candidato ideal. Sólo una vez puedo decir que se equivocó, y creo que fue porque me dejó opinar, ¡ha! Pero por lo general, contrató gente honesta que hizo un buen trabajo. Personas que dejaron la empresa porque consiguieron un puesto mejor en empresas grandes, a veces con el doble del pago. En otras palabras, había escogido bien. En cambio yo, es que hasta me da vergüenza...

-Don Mauricio, el primo de Juan está sin trabajo. ¿No cree que haya un puestito? El hace lo que lo pongan a hacer, es un muchacho muy inteligente y muy trabajador.

-Bueno, quizá estemos necesitando alguien en administración. ¿Sabrá algo de eso?

-Yo creo que sí. Es muy buena persona. Y yo lo he visto usando computadoras

-De acuerdo, está bien. Dígale que venga el lunes...

Y a los dos meses había que despedirlo porque había robado, después de perder tiempo entrenándolo porque no sabía hacer nada y la única computadora que había usado era un PlayStation. Y tras de eso ¡habló mal de la empresa!

El último error que cometimos, fue contratar un cobrador para recoger pagos a domicilio. Como no tenía tiempo para entrevistas y era urgente, dejé que lo hiciera mi asistente, quien terminó por contratar al primo de un amigo. El primer día, **EL**

PRIMER DIA, lo "asaltaron" y le robaron $1000 en efectivo. Los clientes pagaban en cheque, pero casualmente él fue 'asaltado' ¡el día que alguien pagó en efectivo! ¿Cómo probar que había sido un auto-robo, sino sabíamos nada de ésa persona?

En mi defensa, eso que me pasaba a mí, ¡le pasa a tanta gente! Y es un error tan, pero tan serio. Y no sólo cuesta dinero ¡sino la imagen de la empresa!

Un mal empleado o uno que da mal servicio al cliente, se refleja en su empresa. La gente no dice "el empleado me trató mal". La gente dice "esa compañía me trató mal y no le vuelvo a comprar nada". O *'Southwest Airlines no me dejó abordar por gordo, boicoteemos la aerolínea'* en vez de *'un mal empleado me dio esta explicación, sin saber que yo era un director de Hollywood cuyo caso iba a estar en todas las noticias'*, como pasó hace unos años al director Kevin Smith.

Una mala escogencia de empleados cuesta tiempo y productividad de otros empleados, no sólo porque el tiempo que se usa en entrenarlos, o porque hay que hacer las cosas dos veces, sino en el tiempo que se pasan comentando entre ellos que el jefe (¡usted!) no sabe escoger a la gente para su compañía. Y cuesta tiempo suyo, que tiene que gastar horas atendiendo quejas, o arreglando problemas causados por la ineficiencia, falta de inteligencia, o mala voluntad de los 'empleados'

¡Y todo por la maldita pereza! Porque, al final se trata de eso, de pereza. No tenemos una mentalidad de excelencia, y queremos que todo sea fácil y rápido. Comida rápida, gratificación instantánea, placer instantáneo. ¡Y con los empleados, no funciona así!

Sé que quizá ha leído en cincuenta libros **que la clave del éxito de cualquier empresa, es un buen equipo**.

Yo se lo repito por si no lo entendió: **el fundamento de cualquier empresa exitosa es un buen grupo de**

empleados. Una empresa con malos empleados se arruinará y terminará cerrando, no importa si vende el mejor producto del mundo.

Yo tuve malos empleados, de los que faltaban constantemente o pasaban 'enfermos'. Tuve 'muebles', los que hacen lo mismo que un sillón -están "allí" pero no aportan nada-. Hasta tuve unos que robaron los electrodomésticos de mis edificios. Pero también fui bendecido con buenos empleados–aquellos que contraté por suerte o por simple ley de probabilidades-, a los cuales no les di ni el lugar que merecían, ni la atención que merecían, y que se terminaron yendo a otras empresas donde sí los apreciaban.

Como empresario, usted tiene una tarea fundamental: Si quiere que su empresa sea exitosa, dedique el tiempo que tenga que dedicar a construir un buen equipo de trabajo. Cada minuto invertido en el proceso, le ahorrará horas de problemas y muchos dolores de cabeza.

Aunque hay tratados de recursos humanos que puede consultar, siga las siguientes reglas y no le va a ir tan mal:

1. Defina los puestos que requiere. ¿Cuáles funciones desempeñará la persona que piensa contratar? No lo contrate, y después le busca que hacer. Es un error frecuente, contratar a alguien sin saber para qué se le necesita exactamente.

2. Publique anuncios. Y no importa si su empresa es gigantesca o es la venta de perros calientes, reciba múltiples candidatos para un puesto. Y si por cortesía entrevista al primo del amigo del cuñado de su secretaria, trátelo como a cualquier otro en igualdad de condiciones.

3. Desarrolle su instinto. Su objetivo es buscar a personas honestas (lo entenderá al leer el próximo capítulo).

4. No se conforme. Si no llega la persona con las características que quería, publique un nuevo anuncio. El que busca, encuentra. No contrate al "peor es nada". Busque al mejor. Si insiste, lo encontrará. Si su empresa es importante para usted, a quien meta adentro tiene que ser lo más importante. A mi esposa nunca la vencía la pereza y si tenía que publicar el anuncio dos o tres veces, lo hacía, hasta que encontraba buenos candidatos, que se convertían en empleados excelentes.

5. Pruébelos. Generalmente la ley da tres meses para probar un empleado. Pero, ¿para qué esperar tanto? Si no funcionó en el primer mes, no pierda más tiempo. No va a funcionar. Para qué gastar tiempo y energía en alguien que no cumplió ni aquello de que "toda escoba nueva barre bien". Un empleado nuevo debería dar lo mejor de sí, pues es cuando está tratando de impresionar a todo el mundo, viene fresquito, sin mañas. Si no funcionó en el primer mes, **NO VA A FUNCIONAR**. Despídalo y publique otro anuncio.

6. Evalúelos constantemente. Nunca deje que se sientan tan cómodos que ya no les importa. Manténgalos alerta. Rételos. Demuéstreles que contrató a los mejores y que espera lo mejor. Si están haciendo un buen trabajo, dígaselos. Y si no, con más razón ¡dígaselos! Si se tomó el tiempo de hacer todo esto, probablemente estará formando un buen equipo y se lo van a agradecer.

7. ¡Pero ante todo... no cometa el error de meter un mal empleado en un buen grupo! *Una manzana podrida pudre todo el saco* ¡Eso es cierto! Lástima que no le ponemos atención. Si tiene un buen equipo y contrata un empleado desleal, que pierde tiempo, no hace su trabajo,. es chismoso, o problemático, y usted no hace nada al respecto, sus buenos empleados van a renunciar, porque no soportarán trabajar con alguien así; o perderán interés, se harán como el mal empleado, y dirán: *la verdad si al jefe no le importa, a mí tampoco.*

Tenga mucho cuidado con quien mete a su empresa.

Si contrata a un ladrón ¡le robará!

Si contrata un vago ¡no trabajará y hará que otros no trabajen!

Si contrata un chismoso, pronto todos andarán en chismes.

Si contrata a un revolucionario, hará que pronto todos lo vean a usted como el enemigo.

Si usted siembra un árbol de peras, va a obtener peras.

¿O acaso creyó que las reglas de la vida no se le aplican sólo porque ahora es ¨empresario¨?

PRINCIPIOS DEL CAPÍTULO

· Un mal empleado o con mal servicio al cliente, se refleja en su empresa, y puede derrumbar la empresa más grande. Si pone en You Tube un video escupiendo en la comida, puede matar hasta la mejor y más exitosa cadena de restaurantes. Si esto es así, ¿por qué contratamos al primero que nos pide trabajo? Haga un esfuerzo para contratar los mejores empleados. Invertir el tiempo necesario para crear un buen equipo, es la base del éxito o fracaso de cualquier empresa. Y lo peor que puede hacer es meter una manzana podrida en un buen equipo. Pudre todo el saco. ¡Y si no se pudren, salen corriendo! Yo sé que está muy ocupado. Pero por más ocupado que esté, nunca haga excepciones en el ser extremadamente cuidadoso al contratar empleados.

· Defina el puesto, saque el anuncio, reciba candidatos, haga las entrevistas, contrate al mejor. Y luego pruébelo. Si no funciona, despídalo de inmediato y comience de nuevo.

Mi mejor empleado–y tuve no menos de quinientos-, se llama Víctor. Lo contraté de casualidad, pues era el primo de otra empleada. Si, ya sé, ya sé... Pero en este caso funcionó. Tuvo buena actitud desde el primer día. Siempre sonreía. Todos lo respetaban y lo querían. Los clientes lo adoraban. Era una hormiga, siempre trabajando, haciendo el trabajo de tres. Siempre estaba disponible. Fue ascendiendo en mi empresa, aunque por mis 'múltiples ocupaciones' no tomé el tiempo para agradecérselo o convertirme en su mentor. Y cuando todos abandonaron el barco, trabajó sin salario por unos días, pues yo no podía pagarle. Si algún día encuentra un Víctor en su empresa, cuídelo como un tesoro. Páguele bien. Estimúlelo, dele oportunidades. Esa es la gente que hay que buscar.

LEY #7.
PONGA TODO POR ESCRITO.

Nunca, nunca, ¡NUNCA! haga un negocio, un contrato, un compromiso, un acuerdo que involucre dinero, de forma verbal. ¡Pero ni con el hombre más santo!

Siempre, siempre, ¡SIEMPRE! ponga todo por escrito.

a. Los papelitos hablan.

Usted puede tener el mejor negocio o la mejor idea del mundo, algo que sabe que lo va a hacer feliz y en lo cual va a dar su máximo esfuerzo. Puede haber hecho los números de forma realista y estar listo para hacer dinero... Pero si sus contratos son débiles o no existen ¡está condenado al fracaso!

Pero es que somos tan amigos...

¡Pero es mi primo!

Pero si no puedo confiar en esta persona, ¿en quién?

La ley de poner todo por escrito va más allá de la confianza, o de si su contraparte es buena persona, o el socio o el cliente ideal, o de si la gente actúa de buena o de mala fe.

El problema en este caso es que el dinero, sin importar la cantidad, provoca ATS. Este es un síndrome gravísimo, que está detrás de la mayoría de amistades rotas, lazos familiares cercenados, y ex grandes amigos que hoy en día no pueden ni verse. Es la peor enfermedad que ataca a los empresarios descuidados...

ATS - Amnesia Temporal Selectiva. *En todo acuerdo o negocio hecho verbalmente, la gente se acuerda sólo de lo que lo conviene.*

Haga un repaso de su vida. ¿Alguna vez ha hecho un acuerdo verbal con alguien? Volvamos a ejemplo de los perros calientes. Digamos que usted decide asociarse con su amigo Mario. Como el negocio es simple, sólo hablan.

'Entonces quedamos en que usted hace esto, yo lo otro, y al final, nos repartimos las ganancias. ¿De acuerdo? ¡Claro!' Y se dan la mano. ¡Porque es una persona de palabra que cumple lo que dice y está seguro que su amigo también! Y comienzan el negocio.

¿Qué pasa en el 99.9% de este tipo de negocios?

Usted, tiene que trabajar más de la cuenta (o eso cree), porque Mario no hizo lo que dijo que iba a hacer. Porque usted se acuerda que él lo dijo ¿cierto? A él le tocaba hacer X y no lo hizo.

Y al llegar la hora de repartir ganancias (¡si las hubo!) empieza una pelea interminable… Que si yo dije o no lo dije, o que hice, o que me tocaba, pero yo pensé, pero yo asumí, pero yo creía, y etcétera, ¡Etcétera! *"Pero, ¿cómo? ¿Me estás rebajando la gasolina? ¡Pero eso era parte de lo que tu ponías, acuérdate! ¡No! ¡Claro, tu lo dijiste!"*

Lo peor es que si envía a otro amigo a que pregunte a su ex amigo qué pasó, este va a decir: *"no, si ese tipo es terrible. Al final me salió con un montón de cosas. A mí me tocó trabajar más, porque él nunca hizo nada. ¡Y tras de eso, quería rebajar la gasolina de mis ganancias!'*

¿Y al final quien tenía la razón? ¡NINGUNO!

Porque no se engañe creyendo que usted tiene toda la razón, o es el dueño de toda la verdad. Usted también se está acordando sólo ¡**de lo que le conviene!**

Pasa lo mismo que cuando le presentan a alguien. Está tan interesado en decir su nombre, que no pone atención al otro. El otro dijo su nombre, pero usted no se acuerda. Y el otro ¡tampoco!

-*"Pero yo te dije que la gasolina la rebajábamos."*

-*"¡Jamás! Nunca me dijiste. Falso..."*

-*"Te tocaba atender el negocio los lunes y miércoles."*

"!No! Claramente dijimos lunes y JUEVES. Los miércoles voy donde mi novia. Tú sabías, ¡ES TU HERMANA!"

Y esto es lo que pasa cuando se hace cualquier tipo de contrato o acuerdo verbal: el síndrome ATS hace que sólo nos acordemos de lo que nos conviene. Y nos pasa tanto a nosotros como a la otra parte. Por eso es que en los juicios se requiere de dos testigos, pues la gente siempre ve, escucha o entiende sólo parte de la verdad.

Siempre, siempre, escriba todo. TODO POR ESCRITO. ALL IN WRITTING. TUTTO SCRITO. Y si supiera como se dice en chino, se lo pondría. (Según google es: 所有书面. Espero no estar poniendo un insulto terrible, como siempre pasa en las películas)

TODO... POR... ESCRITO...

Mi hija cuando tenía cuatro años aprendió una frase célebre. ***"PAPELITOS HABLAN".*** *"Mami, me dijiste que regresas a las cuatro, ¿Me firmas este papelito que dice que regresas a las cuatro? Gracias"*

"Entonces, ¿la gasolina se rebaja o no se rebaja de las ganancias? Se rebaja. De acuerdo.

¿Y te toca trabajar lunes y miércoles? ¡No! Miércoles voy donde tu hermana; es jueves.

¿Y a mí me corresponde 50% de los ingresos después de rebajar cuáles gastos?

¿Y qué pasa si nos peleamos? ¿Qué pasa si no vendemos todo? ¿Qué pasa en esto? ¿Qué pasa en lo otro? ¿Y si termino con tu hermana?"

Hay personas que hacen negocios de millones con contratos de una página. Y después se quejan de los años que perdieron en peleas interminables.

Si no quiere pasar años en cortes, discutiendo tonterías, ¿Por qué no simplemente dedicarle una tarde a sentarse con su socio y analizar el negocio a profundidad? ¿A pensar en todas las posibles consecuencias del emprendimiento que se inicia? Quizá hasta descubren problemas potenciales que ni se les habían ocurrido. ¡O nuevas oportunidades!

Es un error tan grande que se comete en todos los niveles. Estamos tan interesados en hacerlo rápido, en comenzar a ganar, en que suceda, en que se dé; que no nos dedicamos a pensar ni en el negocio ni en las consecuencias; ni en qué pasa si Juanita no paga los perros calientes que le dejamos a crédito o si el auto lo chocaron mientras compraba el pan para los perros. *'¿Pagamos el deducible del seguro de las ganancias?'*

b. Sus contratos deben prever todo

Siempre, siempre, escriba los contratos previendo todas las posibilidades. Todo lo bueno que puede pasar; y todo lo malo que puede pasar.

Piense, dedíquele un rato. Le aseguro que un 95% de los problemas potenciales van a desaparecer.

'¡Usted me dijo miércoles! No. Está por escrito, y aquí dice jueves'

¿Qué cree que le va a decir su socio? ¿Qué le falsificó la firma? ¡No!

Lo que dirá es 'Upps, es cierto...' La gente se acordará. Y si no se acuerden, allí está y está firmado.

"Dijimos que la multa de atraso en entrega era sólo si usted pagaba a tiempo. No pagó a tiempo, no hay multa. ¿Ve? Allí dice en el contrato. También dice que la casa solo lleva un closet en el cuarto principal, no dos como usted dice."

Esta fue una de las lecciones más duras que me tocó aprender como desarrollador de bienes raíces. Mis contratos eran tan simples, que algunas gentes, --quizá buenas personas-- terminaron aprovechándose "de mi nobleza". ¿De quién fue la culpa? ¡Mía! ¿Por qué? ¡Por no hacer buenos contratos! Por no dedicar tiempo y energía para hacer contratos que me protegieran de los malos entendidos

La mayoría de contratos en Estados Unidos tienen casi cien páginas. Pero allí está todo. Trate de demandar o exigir algo. "Lo sentimos, según la cláusula setecientos noventa, párrafo z, en relación con la cláusula cuarta del adendum, eso que usted dice está específicamente excluido. Y vea, su firma está a la par, la ve, es más, la puso casi encima."

Cuantos problemas evitaríamos si hiciéramos mejores contratos y nos acostumbráramos a poner todo por escrito. Le aseguro que aún tendría algunos de los amigos que ya no tiene. Y todavía le hablaría a su cuñado...

Pero aún más importante, aquel negocio que una vez le dio tanta ilusión, no se hubiera convertido en una pesadilla, ni le hubiera costado tanto sufrimiento y tanto dinero.

PRINCIPIOS DEL CAPÍTULO

• SIEMPRE, SIEMPRE, SIEMPRE, ponga todos los acuerdos, absolutamente todos los acuerdos, por escrito.

• Ante la duda, recuerde el principio anterior.

• Toda persona, *incluso usted*, sufre ATS-Amnesia Temporal Selectiva-, y por eso se va a acordar sólo de lo que le conviene. Su socio, también. Y si no pusieron las cosas por escrito, comienzan los problemas.

• Las personas dejan por fuera de los contratos muchos escenarios de problemas, a veces por miedo a que el negocio no se dé o para evitar que el socio potencial ¨se asuste¨. Esto es una tontería, pues al final aplica la ley de Murphy. Si el problema puede pasar, probablemente pasará. Y si el contrato no dice nada acerca de eso, se puede convertir en una batalla legal interminable.

• Haga como las grandes corporaciones. Protéjase con contratos largos, que incluyan todo y prevean cualquier cosa que pueda salir mal. Eso no sólo le permite tener una mayor claridad del negocio que se inicia, sino que también reduce exponencialmente las posibilidades de que quieran demandarlo o aprovecharse de usted. ¿Da pereza? Sí. Pero da más pereza visitar cortes y abogados ¡Y sale carísimo! Recuerde que la pereza, nuestra tendencia a hacer el mínimo esfuerzo en todo -especialmente al tomar las decisiones-, lleva al fracaso.

• No importa si el negocio es con su primo, con su amigo, con el vecino de al lado, o con el señor que vende helados. Si usted quiere mantener la relación más allá del negocio, escriba absolutamente todo, y tenga todo claro. **No asuma** que el otro escuchó y que usted dijo o no dijo. **Asumir es la madre de todos los problemas.**

•Si su socio se enoja porque usted quiere poner las cosas por escrito, recuerde que es mejor que él se enoje a que usted pierda dinero, trabajo o esfuerzo; o le dé una úlcera por llevarse desazones. Si le explica, y le enseña este libro, tal vez entienda que es para el beneficio de todos.

•Ser cuidadoso, tener todo claro, y pedir que le pongan todo por escrito, -y lo firmen-, también puede librarlo de los estafadores. Los estafadores quieren que todo se haga rápido, no quieren dar explicaciones, y si se les pide mucho detalle, generalmente se equivocan y caen en contradicciones. Además, cuando alguien es "preguntón" o quiere ser muy específico en todo, prefieren salir corriendo. Ellos saben que el mundo está lleno de personas descuidadas, perezosas, que no leen los contratos, y que se van a dejar presionar con que la oportunidad "es hoy", con que el negocio "se tiene que hacer hoy", se tiene que hacer ¡AHORA, RÁPIDO! Si ellos ven que usted no es uno de esos, van a preferir buscar una víctima más fácil.

LEY #8.
CONTROLE, CONTROLE, ¡CONTROLE!

'Al que descuida su casa nada le queda' **Proverbios 11:29**.

a. El robo es un problema real en las empresas

Como confesé en el capítulo anterior, uno de los errores más graves que cometí como empresario, fue el manejar mis empresas con exceso de confianza. Fui educado con valores estrictos y me preciaba de ser honrado. Yo era de los que devolvía el dinero cuando me daban cambio equivocado; o de los que buscaba al dueño cuando me encontraba algo. Por ello, en mis empresas, cometí el error de pensar que la gente había sido educada de la misma manera.

Tendemos a pensar que es pecado juzgar a los demás; que si pienso mal de alguien, Dios me juzgará a mí. Pero eso nos puede hacer caer en el error de bajar la guardia, y de ponernos vulnerables ante los demás, lo cual, como hemos visto en otros capítulos, es un error casi mortal.

Hace poco leí que el principal problema que enfrentan las grandes corporaciones en los Estados Unidos (y probablemente en otros países), es el robo. También leí una cifra que en su momento me parecía difícil de creer. Dadas las circunstancias *'adecuadas'*, el NOVENTA POR CIENTO de las personas cometerán algún robo en las empresas para las cuales trabajan.

Solo un 10%, por motivos de educación, religión y/o valores, no lo harán bajo ninguna circunstancia.

Esto no significa que pasan planificando un 'golpe mayor'. 'Robar' no significa sólo salir por la puerta principal con una bolsa llena de dinero. Significa faltar al trabajo; tomar horas excesivas para ir "al médico". Significa no reportar el día de vacaciones que se tomó, o –'extraviar' el registro para disfrutarlo nuevamente después. Significa usar la copiadora para los trabajos de la universidad (de por sí, el jefe tiene mucho dinero). Significa pasar el día en Facebook en lugar de trabajar. Y significa hacerlo creyendo que está bien, que se vale, que es la forma en que se hacen las cosas...

Lamentablemente, también existen ladrones como tales. Es triste, pues se nos hace difícil pensar que haya gente que de manera consciente, esté dispuesta a robar. Y menos a nosotros, que somos tan buena gente, que damos todo a los empleados, los tratamos bien, los enseñamos ¿cierto?

Hace poco, mientras leía el evangelio de Juan (que acabo de leer y analizar por primera vez en mi vida, ¡qué bárbaro!), encontré una cita que me dio risa y me puso a pensar en este tema. Tanto que este fue el primer capítulo que escribí de este libro.

Jesús era sin duda el mejor empresario que ha existido, el más *buena gente*. Tenía a sus discípulos en un programa de entrenamiento constante. No pasaban ninguna necesidad, pues aunque no hubiera suficiente comida o vino, el "jefe" proveía (como en la multiplicación de panes, o el vino de las bodas de Caná). Y el plan de retiro, después de empleo vitalicio, incluía la vida eterna. ¿Cuántos no hubiéramos aceptado el trabajito?

Y sin embargo, aunque gozaban de todos estos privilegios, entre los empleados de Jesús, había uno que **¡robaba!** Juan cuenta la historia del famoso Judas, que representa sin duda el MAL EMPLEADO que todos hemos tenido. Cuando María unge los pies de Jesús con un perfume carísimo, Judas se queja de que eso se debió haber vendido y entregado a los pobres. Y dice Juan 12:6*: "Pero dijo esto, no porque se preocupara por los pobres, sino porque era un LADRÓN, y como tenía la bolsa de dinero, sustraía de lo que se echaba de ella."*

¡Increíble! Judas trabajaba para la mejor empresa del mundo. Tenía el mejor plan de retiro (vida eterna); recibía educación superior gratuita (nada menos que una beca permanente para aprender del gran maestro); tenía almuerzos y cenas de negocios (pues, como Jesús era constantemente invitado a las casas a comer, sus discípulos también); tenía el mejor plan de salud (¿alguna vez oyó de apóstoles enfermos? Por el contrario, Jesús sanaba a los que encontraba en el camino). O sea, Judas, tenía todos los beneficios posibles que puede disfrutar un empleado. Y aun así **¡robaba!**

Si usted es empleado, por favor, no sea un ladrón. O como Judas, un traidor. Porque, ¿cuántos empleados, apenas el "barco" no anda bien, lo primero que hacen es traicionar a la persona que les dio trabajo y paga durante mucho tiempo?

Una nota al margen: Jesús sabía que Judas le robaba y que lo traicionaría. El permitió que esto pasara, para que la enseñanza quedara allí, para que el principio quedara allí.

Le aseguro que no fue porque pensó *"pobrecito Judas. Sus hijos están flaquitos y necesita dinerito para alimentarlos."* No. Jesús estaba pensando en los empresarios, los que damos trabajo a tanta gente, para que tuviéramos cuidado y pensáramos:

'S*i le robaban a Jesús, ¡imagínese a mí!'.*

Por eso, permítame darle dos consejos claves sobre este tema:

b. Establezca todo tipo de controles

¡Qué pereza da esto! Se lleva un montón de tiempo. *'Y van a pensar que soy un loco controlador ¡Yo con lo buena gente que soy! Y mis muchachos son tan buenos..."* ¡No sea ingenuo!

¡Tiene que hacerlo! O cuando se va a dar cuenta, va a ver televisor nuevo, comedor nuevo, refrigerador nuevo, ¡EN CASA DE SUS EMPLEADOS!

¿Qué le dijo el papá judío a su hijo en la historia? Confíe en... ¡NADIE! Suena duro, porque sabemos que hay gente buena y con buenas intenciones allá afuera. Pero si quiere amasar un capital, tiene que hacer las de ese papá, no confiar en nadie y controlar. NOVENTA POR CIENTO de la gente encontrará alguna justificación mental para violar el mandamiento de NO ROBARÁS. Las probabilidades están claramente en su contra. ¿Y sabe qué es lo peor? Que si les pregunta, ¡la mayoría de los que roban ni siquiera creen estar robando!

Es importantísimo establecer controles de costos: si en un Restaurante se supone que se deben usar 100 camarones diarios, y se están usando 120, los 20 se los están robando, ¡SIN DUDA!

Y al manejar el dinero que ingresa, hay que pensar en todos los controles que se pueda, sobre todo si sus empleados tocan efectivo. Se trata de hacerlo difícil. Por lo menos póngalos a pensar un poquito. Si se los pone muy fácil, aún los 'buenos' caerán en tentación. ¡Garantizado! Si cayeron Adán y Eva, ¿no van a caer Henry y Juan?

Adán y Eva se arriesgaron con la manzana, porque pensaron que en el Jardín del Edén no había cámaras. No había rejas alrededor del árbol, y además, aparentemente nadie hacía un reporte semanal de cuántas manzanas tenía que haber. Parecía como fácil. Sí. Se les había advertido y se les había dicho ¡no lo hagan!

'Pero, Dios tiene muchos árboles, y muchas manzanas. ¡Y qué hambre tengo! Y la verdad es que yo con hambre, esa manzana allí deliciosa y jugosa, y si no me la como, seguro se cae y se pudre. Además, ni que fuera que a Dios le hacen falta para algo, ¿cierto?'

Ve, exactamente así se justifican sus empleados cuando toman algo que no es de ellos. Algo que está allí, y que aunque saben que se les dijo "No lo haga", y que no está bien, mientras no los atrapen, no hay consecuencias.

El problema es que Adán y Eva, se fregaron. Porque Dios sí había instalado dispositivos de seguridad. ¿O usted cree que Él es como nosotros, los empresarios medio ingenuos? ¡NO!

En el momento en que agarraron la manzana y la comieron, ¡BUUUUUM! Se quedaron sin ropa. Se sintieron descubiertos. Apuesto que sonó una alarma en el cielo y el contador celestial llegó con el reporte. *"Disculpe, Señor Dios, qué pena molestarlo, es sobre Adancito y Evita... Tan buenos que se veían los muchachos, pero mire, de acuerdo a este reporte, ¡falta una manzanita!"*

Por eso un buen contador es indispensable, sobre todo si usted es muy creativo y no del tipo administrador (que nos pasa mucho a los empresarios). Pero contrate un contador que sea mala gente. Me dijo una vez un amigo que hay que contratar contadores sin capacidad de socialización, ojalá BIEN metiches, preferiblemente rencos, de los que no les va a temblar el pulso para denunciar a Adancito, Evita, Henry o Janin.

Y sobre el contador, ponga un contralor externo. Porque a veces el contador ¡es quien roba! Me pasó con una contadora que pasaba todo el día oyendo música cristiana. Un pan de Dios la mujer, y cuando me di cuenta, me había robado casi $20.000 (o al menos, eso fue lo que pude descubrir. Posiblemente fue más, pues estuvo en el puesto un par de años).

Si usted no pone los controles necesarios -si sus malos empleados sienten que no los van a atrapar-, encontrarán miles de formas de robar. Si robaban a Jesús, definitivamente le van a robar a usted.

NO SE HAGA ILUSIONES. La creatividad del ser humano, para bien o para mal, es infinita. Aunque al final no evite todas las posibles circunstancias, al menos ¡hágaselos difícil!

Es más, regale este capítulo a sus empleados, para que sepan que usted, al menos, está observando... Si son del 10%, les va a dar risa. Pero si son del 90%...

c. Remueva cualquier cáncer: no perdone

'Es que pobrecita esa muchacha si la despido, tiene hijos'

En la mayoría de los países latinos tendemos a ser así. Pobrecita la gente, decimos, ¿no? ¡NO! ¡POBRECITO USTED!

Y pobrecito el empresario que va a contratar a esa persona, cuando, después de que le robe otra vez (¡porque si lo perdona, le va a volver a robar!), usted finalmente lo despida, y no ponga la denuncia.

Hágase un favor, y despida a cualquier empleado que le robe aunque sea algo pequeño.

Eso es como un cáncer: empieza pequeñito. El cáncer empieza en una célula que se vuelve loca, que se degenera. Después son dos, después diez, y cuando el organismo está totalmente invadido, la persona muere.

¿Cómo se salva alguien de cáncer? Las células cancerosas se detectan a tiempo, se remueven de raíz, y el cuerpo se regenera. Y después, se sigue chequeando para asegurarse que no vuelvan a surgir.

Si tiene una empresa, y quiere tenerla dentro de diez años, ¡REMUEVA LOS CANCERES! A veces SABEMOS que un empleado nos ha robado. Pero hacemos cuentas y decimos *"es que, si lo despido, tengo que pagarle liquidación, entrenar a otro, perder tiempo. Me va a salir más caro que hacerme de la vista gorda".*

¡FALSO!

Ese cáncer no hará más que crecer. Porque si usted lo pudo descubrir, otros empleados se dieron cuenta. Y si vieron que usted no hizo nada, amigo o amiga mía, eso es como gritarles "ARCA ABIERTA". Y cuando se da cuenta, lo dejan ¡sin nada!

Despida cualquier trabajador ladrón, y sea claro con los demás en el por qué lo hizo. Que se den cuenta que tiene bien puestos los pantalones (¡o las enaguas!). Que sepan que quien trate de hacerlo pagará consecuencias.

No vaya a ser que al final, el ladrón termine con casa nueva, y usted sin empresa y aun pagando la hipoteca de su propia casa. Despídalo, sáquelo, échelo afuera como hizo Dios con Adán en el paraíso. Sin carta de recomendación ¡Sin misericordia! Usted no dejaría una célula cancerosa en su cuerpo, porque sabe que tarde o temprano, LO MATA.

PRINCIPIOS DEL CAPÍTULO

· Si Judas le robaba a Jesús, imagínese lo que están haciendo con usted...

· El 90% de los empleados, dadas circunstancias correctas, va a robarle. En tiempo, en ausencias, en fotocopias para la universidad, o peor aún, en dinero en efectivo... Depende de usted el hacérselos fácil, o difícil.

· Desconfíe de los empleados que siempre andan alabándolo y tratando de quedarle bien... ¡Esos son los peores!

· No confíe. Establezca todo tipo de controles. . Recuerde a Dios en el Jardín del Edén. Ponga alarmas y cámaras. No había manera de que Adán y Eva se salieran con la suya.

· Si camina como un pato, suena como un pato y parece un pato ¡es un pato! No se engañe. Si parece que le están robando, ¡le están robando! Cuando el río suena piedras trae. *¡Y ese río se está llevando las piedras suyas para la casa de él!*

· Hay gente buena allá afuera. Su objetivo como empresarios es escoger bien el personal y tratar de contratar gente de ese 10% que nunca robaría por educación o principios. 600 millones en el mundo son bastantes.

· No perdone bajo ninguna circunstancia. Yo sé. Usted es una buena persona, y la gente merece una segunda oportunidad, ¿cierto? ¡Olvídese de segundas oportunidades! ¿Acaso Dios dio una segunda oportunidad a Adán y Eva? Se robaron la manzana, para afuera. Que cada palo aguante su vela. Que cada uno asuma las responsabilidades de sus acciones. Un empleado que roba es un cáncer, y si lo hizo una vez, lo va a volver a hacer. Si no remueve el cáncer, se va a extender y tarde o temprano, ¡LO MATA!

LEY #9.
APRENDA A COMUNICARSE, PERO TAMBIÉN, A CALLARSE.

Cada uno recoge el fruto de lo que dice. Prov. 12:14

a. No hable más de la cuenta.

'*El que mucho habla, mucho yerra; callar a tiempo es de sabios*' **Proverbios 10:19**

"*Cuidar las palabras es cuidarse uno mismo. El que habla mucho, se arruina solo.*" ***Proverbios 13:3***

"*La vida y la muerte dependen de la lengua. Los que hablan mucho sufrirán las consecuencias*" ***Proverbios 18:21***

'*Aquellos que hablan, no saben. Aquellos que saben, no hablan*'. ***Tao Te Ching***.

"*Por la boca muere el pez*" ***Mi abuelita***

Estos proverbios son apenas unos cuantos de los muchos acerca de este principio. Ayer, hoy, y siempre, las personas inteligentes han reconocido que hablar más de la cuenta es peligroso; y que sabios son aquellos ¡que saben decir sólo lo necesario!

Vaya por un momento a su vida. ¿Cuántas veces hablar más de lo debido le ha reportado un beneficio?

Digamos que contó un secreto a un amigo (¡pero no se lo digas a nadie!) y este amigo se lo contó a otro amigo, y el amigo de su amigo lo contó a otro. ¿Qué pasó? ¿Le llegó alguien con una propuesta beneficiosa porque oyeron que tenía un plan fantástico? ¿O más bien se metió en un enredo porque alguien oyó de quinta mano que usted dijo que fulano le había dicho a mengano, que sutano dijo algo a perencejo?

Dicen que no podemos pedir a los amigos que nos guarden un secreto, cuando no tuvimos la capacidad de contenernos y guardar el secreto nosotros mismos. ¿Por qué pedimos a otros que hagan lo que nosotros no podemos hacer? Conozco gente que simplemente no puede guardarse nada. ¡Sobre todo después de Twitter! *'Acabo de entrar al Banco, la fila está larga' 'Vi a María en el supermercado'*. ¿En serio? ¡A quién le importa! Aún no tengo Twitter ni me he declarado seguidor de nadie. ¡No podría importarme menos dónde vieron a María!

En esta vida es importante ser discreto, y no ser comunicadores profesionales de nuestra vida y circunstancias. Usted puede abrirse o cerrarse puertas con su boca, y por eso siempre hay que pensar antes de hablar.

Hay una frase que vemos en televisión cuando van a detener a un delincuente y le leen sus derechos. "Todo lo que diga podrá ser usado en su contra". A la mayoría parece que nunca le han leído sus derechos, porque pasan contando todo a todo el mundo. Sino que lo digan los millones de nuevos divorciados gracias a lo que contaron en Facebook. Recuerde:

Todo lo que diga puede ser y será usado en su contra en la corte de la vida.

Los empresarios no somos la excepción. En el capítulo 11 le prevengo que cuando esté en dificultades, evite que todo el mundo se entere. Lo último que necesita es que sus clientes y proveedores se asusten porque contó a un "amigo" que su empresa "no anda bien" y que el flujo de caja está "apretado".

La mayoría de gente exitosa ha entendido la importancia de saber comunicarse: decir lo que se quiere decir y transmitir las ideas apropiadamente, encontrando el balance con no hablar más de la cuenta.

Es cierto que a veces sentimos la necesidad de compartir nuestros triunfos con otros, o en tiempos de reto queremos encontrar motivación y palabras de aliento para salir adelante.

Mi buen amigo, el motivador **David Sariñana**, en su libro **Visión para el Éxito** dice que hay que tener mucho cuidado con lo que se comparte con la gente. Sean sueños, propósitos o problemas, no a todos les importarán o los entenderán. Y si son nuestros triunfos, muy pocos estarán contentos y nos motivarán.

La mayoría estarán celosos, se sentirán amenazados y hasta tratarán de detenernos con palabras y a veces con acciones. A esta gente hay que identificarla y alejarse. Son peligrosos en su vida. Cuando enfrente situaciones, no acuda a ellos: le darán el tiro de gracia. Si quiere aliento y motivación, busque soñadores, de los que se están moviendo hacia adelante. Sólo los visionarios entienden a otros visionarios.

b. Desarrolle su imagen y capacidad de comunicación

En la sociedad estamos expuestos a que nos vean, nos juzguen, hablen de nosotros y nos critiquen. Por eso hay que tener mucho cuidado en la imagen que comunicamos.

La mala comunicación no consiste sólo en hablar más de la cuenta. También se da cuando se dice lo que no se quiso decir o cuando los demás no entienden o entienden mal lo que se dijo. *"No quise decirlo..."* ¡Pero lo dijiste! Muchas veces los problemas surgen porque no controlamos los gestos, el tono de voz o las palabras. No sólo es lo que se dice sino cómo se dice. La mayoría de divorcios suceden por mala comunicación.

No sólo se trata de mantener una vida integra; sino de aprender a comunicar integridad, pues la comunicación no se limita a hablar: el 90% es no verbal. Los gestos, tono, forma de vestir, transmiten mucho más que cualquier cosa que se diga. Hay personas inteligentes que podrían ser exitosas, pero llegan a las reuniones mal vestidos y desaliñados, y sus interlocutores no los toman en serio porque piensan es "si no sabe cuidarse a sí mismo, no es una persona confiable"

Vivimos en un mundo donde la imagen cuenta; un mundo en el cual lo que usted proyecta externamente es una clave fundamental de su éxito. Para desarrollar una buena capacidad de comunicación, hay ciertos temas fundamentales en los cuales debe trabajar.

1. Trabaje en su autoestima.

Si usted es una persona segura de sí misma, podrá hablar a la gente sin miedo y desenvolverse bien en cualquier tipo de ambiente. Pero si es inseguro y tímido, no querrá hablar, bajará la mirada, y algunos sentirán que está escondiendo algo, porque no todos entienden que es un problema de comunicación. ¿Cuántos por timidez parecen groseros?

Además, siempre llegará el momento en que tengamos que presentar nuestra imagen, producto o servicio a un público que decidirá si nos compra o si se deciden por alguien más. Hay que tener mucho cuidado con esto, pues las casualidades y las grandes oportunidades van a pasar de largo, si usted se llena de pena y no muestra lo que tiene.

Un empresario exitoso tiene que trabajar fuertemente en su seguridad personal. ¿Sabe cómo se llamó el inventor más grande que ha tenido el mundo? Era un empleado de Tomás Edison llamado Nicola Tesla. La mayoría de la gente ni siquiera sabe su nombre, porque era tímido y no sabía venderse ni vender sus ideas. Cuando Edison lo descubrió, hizo a cuenta suya muchísimos millones. Tesla en cambio... Es triste.

Por el contrario, el hombre que inventó el bolígrafo de bolita BIC, Biro, era un periodista húngaro muy simpático, que creía en sí mismo. Una vez, entrevistando al Presidente de Argentina al final de los años 40, ¡lo convenció de que financiara sus inventos!

2. Aprenda a escuchar y a demostrar interés en los demás.

¿Ha notado que tenemos una boca, pero dos oídos? Aprenda a escuchar. Somos tan rápidos en decir lo que queremos, que no escuchamos a los demás. Cuando nos presentan a alguien, estamos tan ocupados en decir nuestro propio nombre, que no ponemos atención al otro. ¿Por qué? Porque no hemos desarrollado el hábito de ser buenos 'escuchadores'.

Si no escuchamos ni a nuestros empleados, cuando nos tratan de explicar los problemas de la empresa, no podremos dar soluciones a esos problemas que ni hemos escuchado ni hemos entendido. Podríamos encontrar muchas respuestas si aprendiéramos a escuchar a los demás.

Usted tiene vista para observar y analizar a la gente; oídos para escuchar; voz para expresarse, y gestos y manos para complementar. Desarrolle todos sus sentidos, no sólo la lengua.

Los hombres somos impacientes. Queremos que la gente vaya al punto, al grano, que no nos cuenten todo, pues no tenemos tiempo para escuchar sus historias. Pero, así, perdemos los detalles. Y en los detalles, muchas veces, está la respuesta. En esto las mujeres llevan ventaja. A veces no sólo lo escuchan a usted, sino, al de la mesa de al lado, y además, ¡recuerdan que andaba sucios los zapatos!

Pero no se trata sólo de escuchar; se trata de demostrar interés por los demás. ¿Qué tipo de cosas le interesan a la persona que tiene al frente? ¿Dónde estudió? Pregúntele por sus hijos, por su familia. A la gente le gusta sentirse especial e importante.

Hay personas exitosas que son como imanes no por ser los más "bonitos" o más inteligentes, sino porque transmiten energía positiva, son corteses, saludan con una sonrisa, dicen cosas agradables y hacen sentir bien a todos: siempre tendrán las puertas abiertas.

Mi amigo Mike es un alto funcionario de Naciones Unidas ya jubilado, que viajaba por el mundo presentando proyectos. Su éxito dependía de sus contactos de alto nivel. Y dos veces, lo vi tomar un teléfono y llamar al presidente de un país. ¿Cómo lo hacía? Llamaba a su secretaria. Y la saludaba por su nombre. Y le preguntaba por sus hijos. Y recordaba exactamente alguna historia que ésta le había contado cuando en alguna ocasión anterior había tenido la oportunidad de ser recibido por ese Presidente. Y cuando le pedía hablar con el Presidente, ella le decía *"Por supuesto, ya se lo consigo. ¡Señor Presidente, lo llama 'Mike'!*

Yo no hubiese recordado ¡ni cómo se llamaba el Presidente!

3. Aprenda a analizar a sus interlocutores.

Es fundamental estudiar siempre qué tipo de persona tenemos al frente. Si por ejemplo nos enfrentamos a personas que hablan mucho, podemos ser un poco más libres al expresarnos. Pero si nuestro interlocutor es de los que no hablan, debemos limitarnos sólo de los temas que se están discutiendo. Si es una persona muy cuadrada, y hacemos una broma, podemos ofenderlo o insultarlo.

Mi esposa siempre ha tenido el don de observar a la gente, y obtener una lectura, una primera impresión, que resulta generalmente acertada. La frase *Por sus frutos los conoceréis* nos revela que la gente es más que sus palabras. Usted puede tratar de *vender* que es muy *refinado*, y seguir todo tipo de manuales de protocolo, pero eso funciona para relaciones de corto plazo. En relaciones de largo plazo, usted dejará ver qué tipo de persona es realmente. Hay quienes pueden causar una primera impresión positiva, pero en la segunda, saldrá su personalidad. Tratarán mal a los camareros o demostrarán que son personas resentidas o egocéntricas que prefieren hablar en vez de escuchar; o que son personas cerradas que esperan cualquier cosa para sentirse atacadas.

Al final, hablamos y expresamos lo que somos. Por más que las palabras digan una cosa, terminamos conociendo a los demás por sus acciones. El chismoso se descubre porque contará la vida y milagros de todos. El criticón, igual. El resentido siempre encontrará otros que lo miran "feo". El negativo siempre tendrá cara de amargado. Al perezoso hasta caminar le cuesta. El impuntual llegará tarde y pensará que está bien hacer esperar a los demás. La disciplina se refleja hasta en la forma de comer; en los hábitos de ejercicio; o en que tan sucio tiene el carro. Tarde o temprano, su personalidad va a aflorar. No hay nada oculto bajo el sol. Por eso cuídese. Si publica en Facebook sus borracheras, y luego va a pedir trabajo o a buscar un posible socio, la gente se fijará...

PRINCIPIOS DEL CAPÍTULO

· El que mucho habla, mucho yerra. Por la boca muere el pez. ¡No le cuente todo a todo el mundo! Si usted cuenta sus problemas a personas que objetivamente no pueden ayudarle, ¿qué beneficio espera obtener? ¿Qué le digan pobrecito?

· Sólo pocos se alegran de sus triunfos, y le motivarán para que siga adelante. A la mayoría, aunque le sonrían, se los carcome la envidia. Y nunca faltará quien trate de detenerle.

· Un buen empresario tiene que aprender a comunicarse y expresarse bien en público y nunca perder de vista que el 90% es no verbal. Los gestos, el tono, las acciones, las tonterías que decimos cuando la lengua no está conectada al cerebro, revelan más que lo que decimos o pretendemos ser.

· Una persona inteligente afina sus sentidos de observación, para estudiar lo que revelan los demás al ser ellos mismos. Así puede detectar a la gente buena, y a la gente mala. A la gente valiosa y aquellos de los que hay que alejarse de inmediato. A alguien que puede ser un socio o un empleado potencial, o alguien a quien es mejor nunca ver más.

· Aprender a escuchar es una virtud. A veces, no podemos resolver los problemas, porque ni hemos escuchado bien de que se trata. Si escucha con atención –y analiza los detalles, quizá vea soluciones que escapan al observador distraído

· Casi todos los grandes líderes han sido excelentes comunicadores que han vendido exitosamente sus ideas. La buena comunicación, evita malos entendidos y reduce la posibilidad de encuentros desagradables y enemigos gratuitos. Recuerde, no hay enemigo pequeño.

· Finalmente, cuando se encuentre ante un conflicto, siempre mantenga la calma. Nunca suba su tono de voz ni haga malos gestos. Si ofendió o lastimó a otra persona, discúlpese. No diga cosas hirientes al calor de una discusión. Cuente hasta mil si es necesario. Y si ve que no logra tranquilizar al otro, aléjese para que la ira no cause daños irremediables. Porque recuerde: no hay enemigo pequeño.

CUARTA PARTE

COMO LIDIAR CON VACAS FLACAS Y MANTENERSE CONCENTRADO EN EL ÉXITO.

LEY #10.
¡NO SE DEJE VENCER POR LAS SITUACIONES!

Nunca nadie sabe cuándo le llegará su hora: así como los peces quedan atrapados en la red y las aves en la trampa, así también el hombre, cuando menos lo espera, se ve atrapado en un mal momento. Eclesiastés 9.12

Debo comenzar este capítulo con una advertencia: si usted no tiene problemas, si las cosas van bien, y si los consejos que le he dado son lo que necesitaba para ser mejor empresario, deje de leer y vaya al capítulo doce inmediatamente…

Es más, a partir de este momento, en este libro la palabra "probl3#@$" está prohibida, es considerada mala palabra y objeto de censura. Está tan asociada a dolor, a lo negativo, a nuestros momentos más negros, que deberíamos mencionarla lo menos posible, porque hasta su sonido es negativo.

Recuerde que las palabras son energía y tienen ¡un poder!

Mi más grande temor, y lo último que quisiera hacer, es hacerlo pensar en negativo, o cargarle de pensamientos de derrota. Somos lo que pensamos, y según la famosa ley de la atracción de la cual hemos escuchado tanto, atraemos aquello en lo cual nos concentramos. Así que no quiero ser causa de que piense o atraiga... 'situaciones'.

Llamémosle situaciones.

Dicen que si quiere salir de la pobreza, deje de pensar en la pobreza y comience a pensar en riqueza. Lo mismo con sus situaciones. Mi esposa dice que buena parte de la razón para nuestras *situaciones*, fue que comenzamos a creer a quienes nos decían que ya estábamos en medio de ellas. Lo mismo pasó con la crisis mundial. Cuando todo el mundo cree que hay crisis, que no hay que gastar y que todo se va a poner mal, no queda duda de que las actitudes colectivas provocan precisamente eso. ¡Que todo se ponga peor!

Por el contrario, conozco tres casos cercanos de personas que nunca se dejaron convencer de que había crisis, y sorprendentemente, la crisis les pasó de largo... ¡Y todos estaban en el negocio de bienes raíces, probablemente el sector más golpeado! Estos amigos, en lugar de ver crisis, vieron oportunidades, siguieron trabajando aún más fuerte cuando los demás se cruzaron de brazos a llorar, y ¿qué pasó? Que el 2008, 2009 y 2010, ¡fueron los mejores años de su vida!

Aún uno de ellos que no obtuvo los resultados financieros que esperaba, no deja de decirme: *"aprendí tanto, fortalecí tanto mi carácter, y enmendé tantos errores que estaba cometiendo, que me siento como un león deseando salir de la jaula para devorarme el mundo y hacer negocios como nunca."*

Y les puedo decir que hoy, al 2015, está mejor que nunca. Sus palabras fueron proféticas. Pero no hubo nada mágico en el asunto: es lo que él creía firmemente que pasaría, y pasó.

Ahora sí, hechas las advertencias del caso, -y sabiendo que los que lean lo que sigue, lo hacen porque ya fueron "atacados" y "picados" por esos zánganos malvados que llamamos "situaciones", vamos juntos a aprender cómo lidiar con ellos para poder llegar a ser extraordinarios empresarios.

a. Algunas vacas pierden peso en el invierno.

En la mayoría de los negocios, hay tiempos buenos y tiempos malos. Hay primaveras y hay inviernos. Vacas gordas, vacas flacas, y ¡momentos en que ni tenemos vacas! Y peor aún es cuando estamos "como las vacas", cuando estamos tan cansados que sólo rumiamos y ya ni pensamos…

A veces es por nuestra culpa, porque no hemos cambiado, innovado o seguido el mercado; trabajado suficiente o atendido con constancia nuestra empresa. Otras veces, factores externos -una crisis económica, un cambio en el sector en que operamos, un desastre natural- contribuyen a agravar la situación. Todo unido a que no reaccionamos como deberíamos.

Los malos tiempos llegan. La noche, la tempestad… De una manera u otra la vida intentará probar de qué está hecho y pondrá en el fuego su carácter. No importa si usted es bueno o malo, gordo o flaco, rico o pobre, intentará meterlo al foso de los leones a ver cómo reacciona.

Y no sé si notó que escribí "intentará", porque cada vez me convenzo más -al ver a los amigos que se negaron a entrar en el foso y patalearon y arañaron hasta que la vida los dejó tranquilos-, que no existe una sentencia irrevocable cuando se trata de sufrir.

Ahora, cuando se trata de enfrentar "situaciones", nuestro enorme ego de empresarios hace que dos características positivas, adquieran un matiz negativo y se conviertan en errores.

La primera es creernos especiales. ¡Esta es una característica excelente! Si andamos por la vida creyendo que somos ordinarios y que no merecemos nada extraordinario, ¿adivine qué? Nada extraordinario nos va a pasar.

El lado negativo de esto es que puede hacernos sentir invencibles, que nos volvamos descuidados y no hagamos lo que tenemos que hacer cuando lo tenemos que hacer.

La segundaes tender al optimismo. Vemos el vaso medio lleno y siempre el lado bueno. Esperamos ver ganancias y nunca una posible pérdida. También es una característica excelente. Si camináramos con miedo ¡no nos tiraríamos al agua!

Pero un optimismo mal entendido nos puede llevar a ignorar principios; a dejar de estar como los exploradores ¡siempre listos! y que al llegar los malos tiempos ¡seamos tomados por sorpresa!

A veces aunque veamos la escritura en la pared; aunque olamos a la bestia a la distancia, nos negamos a gritar *"lobo"* ¡hasta que nos está mordiendo el cuello!

En este libro he querido transmitir que para triunfar en los negocios, hay que estar preparados: ahorrar, tener buenos empleados y socios, ser inteligentemente desconfiados, no lanzarse a la deriva a la caza de cualquier cosa que parezca una oportunidad, entender la importancia de las reservas, etc. He querido dejar claro que la diferencia entre navegar con éxito sobre las olas del mar tumultuoso; o ser revolcados contra el arrecife y terminar despedazados, está en esta preparación, en hacer las cosas bien, y en entender que el éxito y el triunfo está en nuestras manos.

Ahora, asumamos que a pesar de todo, a pesar de que pateó, aruñó y refunfuñó, la tormenta lo sorprendió sin el paraguas o lo metieron al foso de los leones...

El ejemplo de la siguiente parte, que analiza un mal manejo de situaciones que llevaron a un empresario del éxito al fracaso, puede ayudarle, mostrándole un espejo, para que aprendiendo de los errores de otros, pueda salir de su propio foso sin tanto sufrimiento. Si algo he aprendido en estos años es que:

Lo primero que debemos entender cuando estamos en el foso de los leones, mientras oímos los rugidos de esos grandes gatos que se acercan, es que cualquier cosa por la que estamos pasando, muchos –quizá miles- ya la vivieron en algún momento. Y salieron adelante.

¿O realmente cree que es el único que ha tenido buenos años, la fortuna le ha sonreído y ha sido bendecido con dinero, al punto de creer que está en la cima? ¿O el único con problemas tan enormes que parece no tener salida? ¿O con empleados infieles, clientes malagradecidos o un poco de mala suerte si es que esa realmente existe?

¿Por qué es tan importante entender esto?

Primero, porque a veces podemos encontrar en las historias de otros, soluciones para nuestras situaciones.

Segundo, porque al ver los errores que otros han cometido en nuestra posición, si estamos alertas y ponemos atención, podemos tener mejores perspectivas y quizá tomar una ruta diferente.

Tercero, porque como dicen, mal de muchos... Al menos al saber que no somos los únicos, que otros han pasado por lo mismo, podemos conservar nuestra autoestima, que generalmente termina más golpeada de la cuenta después de un aguacero...

b. Hace poco tiempo, en una galaxia muy cercana

Le voy a compartir lo que sucedió a un personaje cuya única relación con la guerra de las galaxias, *¡es que realmente se creía una estrella!*

La historia es importante, porque los errores que cometió, resumen el drama que viven día a día miles de empresarios en todo el mundo. Porque ya sea en China o Alemania, Chile o Costa Rica, Estados Unidos o Indonesia, los empresarios ¡somos todos igualitos! Además, es ejemplo de una aplicación incorrecta -o falta de aplicación-, de los principios de este libro. Nuestro personaje, quien había ganado millones de dólares en negocios exitosos, comenzó a vivir bajo la pretensión de que era un millonario con recursos infinitos: la imagen que en su orgullo había vendido a todos, incluyéndose a mí mismo. **Y entonces, comenzó a cometer errores.**

Primer error. Le dio 'vergüenza' cobrar a quienes le debían, y dio concesiones improcedentes a los clientes basadas en 'orgullo'. Los deudores iban a él pensando *"de por sí tiene dinero",* decían que no podían pagarle, y él, con falso orgullo, les decía que no importaba. *"Está bien. Págueme después. Usted es buena gente. Puedo darle tiempo".* Este error también se originaba en algo que mencioné en otro capítulo: los clientes le habían hecho creer que eran sus amigos. Lo habían invitado a sus cumpleaños. No podía negarles un favor... Violar este principio generó dos consecuencias.

i. Los rumores se esparcen, y en el futuro -en condiciones similares-, **todos van a esperar un trato similar.** Si usted dio tiempo a uno, entonces debe dar tiempo a los otros...

ii. La gente suele confundir la bondad con debilidad.

Y de allí, las cosas sólo crecen...

Segundo error. Sus contratos eran demasiado 'suaves' pues asumió que la gente es buena y hace lo que promete, y no previó consecuencias si fallaban. ¡Y la gente falla! ¡La gente olvida compromisos! Nunca olvide el ATS – Amnesia Temporal Selectiva... ¿Cómo? No me diga que ya se le había olvidado el principio de hacer buenos contratos...

Tercer error. Estaba tan ocupado y tan disperso en sus varias empresas (recuerde que uno sólo tiene energía y tiempo limitado) y al final quizá se había vuelto perezoso, que la idea de demandar a quienes no pagaban era tan desagradable ¡que no lo hizo! Una vez más, los rumores corren. Y este es momento para otra verdad:

Si deja que alguien le haga algo incorrecto, y no se defiende, envía el mensaje de que es débil y no sabe o no puede protegerse.

Si muestra que es presa fácil, dadas las circunstancias adecuadas, la mayoría de la gente puede convertirse en depredadores sin misericordia.

Los tres errores anteriores, comenzaron a generar problemas financieros. Y al tratar de lidiar con sus problemas de flujo de caja (pues no tenía una reserva de efectivo para *malos tiempos o decisiones tontas*), cometió errores aún más serios.

Cuarto error. Pidió préstamos con altos intereses, comisiones y gastos, pues le pareció más fácil que ser duro con sus clientes; que cobrar lo que le debían sus 'amigos'; o ejecutar sus suaves contratos. Para ello, hipotecó activos que tenía completamente libres, por centavos en el dólar, seguro de que la suerte seguiría de su lado y pronto todo se arreglaría y podría pagar. Y como los activos eran buenos, nunca faltaron los 'amigos' que quisieran prestarle dinero, sospechando desde entonces que podrían eventualmente dejarse una ganga.

Como no hizo nada por arreglar sus problemas de fondo, el tiempo siguió pasando y cada vez más frecuentemente tenía que lidiar con acreedores. Como estos esperaban que pagara los intereses a tiempo -y él quería proteger su reputación- cometió el...

Quinto error. Empezó a pagar intereses con el poco capital de trabajo que tenía. Después de un tiempo, todo lo que recibía se iba a los intereses, y muy poco a construir casas. O pagaba los intereses, o trabajaba. Y como salvar la reputación era su tonta obsesión, pagó los intereses. Nunca trató de negociar un arreglo: "miren, si les pago ahora, no voy a poder generar para pagar el mes siguiente" ¡Qué vergüenza! le dirían. El "gran" empresario está en problemas... ¿Cómo iba a pedir un favor, comprensión o tiempo? Seguro dirían que no y le mirarían feo. Quizá contarían a la gente que no era tan "fabuloso" como, según él, todos creían que era. Entonces, ¿qué hizo? Siguió pagando los intereses, y poco a poco, se quedó sin dinero para trabajar, y sin propiedades para hipotecar... Y aquí cometió su...

Sexto error, el más fatal de todos. Cuando las cosas se estaban saliendo de control, se asustó, se paralizó, se bloqueó, y se sentó a esperar por un milagro. A esperar algo sobrenatural; un golpe de suerte. En lugar de trabajar aún más fuerte, de pensar, de buscar soluciones, comenzó a "visualizar" a alguien con mucho dinero comprándole el negocio u ofreciéndole ser su socio. A soñar que el billete de lotería que compró sería el ganador. Después de todo, se lo merecía, ¿no? Había sido un buen tipo, trabajado duro...

Algunos tienen ese golpe de suerte, y que bien por ellos. Pero para la mayoría probablemente no será tan fácil. Para nuestro empresario el gran milagro no llegó. Y por no buscar soluciones a tiempo y por querer salvar la reputación- terminó perdiendo millones y el trabajo de toda su vida.

> *Usted debe aprender a actuar a tiempo. No puede esperar a caer tan profundo en los problemas que sólo un milagro lo puede salvar.*

c. Salve el trasero, después, salve la cara.

Este caso -y su obsesión por salvar la reputación-, es algo muy común y entendible, especialmente si se trata de personas honestas, que han usado su vida para ir construyendo un nombre y una posición.

La reputación es algo importante y debe protegerse. Sin embargo, una vez conocí un Billonario, un empresario de bienes raíces de Canadá, que se interesó en comprar uno de mis proyectos. Con su gran experiencia, estudió mi negocio con una profundidad que yo nunca había visto (su contador y su asistente volaron a Costa Rica, y por una semana estudiaron todo. Y cuando digo todo, es ¡TODO!); y con ese nivel de análisis, logró ver cosas que yo ni sospechaba (tres años antes), y me hizo una oferta que en ese momento pensé que era muy baja, pero que hoy sé, era completamente realista. Yo, por supuesto, la rechacé. Como era *'tan inteligente'*, estaba seguro que podía irme mejor si seguía sólo. Y las situaciones que él alegaba haber encontrado, yo las atribuía en mi mente al hecho de que **el tiburón** quería dejarse mi negocio por poco dinero…

¡Sí, cómo no! Debí haber aceptado, pues después de años de sufrir y de perder, me di cuenta de que todo lo que me había dicho ¡era cierto! Pero esta sección no es sobre ese fallido negocio, sino sobre el principio que ese billonario me enseñó, y que siempre recordaré porque es tan cierto. Casi lo puedo escuchar todavía diciéndome

"Mauricio, ¡salve el trasero! ¡Entonces, sólo entonces, comience a pensar en salvar su linda carita! (lo de linda se lo agregué yo). Si lo hace al revés, terminará por perder ambos."

A veces las cosas no salen como queremos… Pero como tenemos un concepto tan elevado de nosotros mismos porque quizá hemos sido exitosos por años; nos da una enorme vergüenza que otros se enteren de que estamos enredados y que nuestro paraíso no es tan verde como la gente pensaba.

Entonces salvar la reputación, se convierte en el objetivo final en momentos de apuro. Pero siempre recuerde:

> *Primero, salve su trasero. Tratar de salvar la cara (su reputación), a costa de lo que sea, puede llegar a ser el último clavo para colgarnos en la pared del fracaso.*

Hay un empresario del que todos escuchamos, que tiene muy claro este principio: Donald Trump. ¿Cuántas veces se ha acogido a bancarrota en una de sus empresas? ¿Y lo ha visto ante la prensa, avergonzado, llamándose a sí mismo un fracasado y prometiendo no volver a hacerlo? ¡NO! Lo que probablemente verá es el anuncio de otro programa de televisión, en el que enseñará a algún aprendiz cómo ser buen empresario. Porque, al final, Trump ha comprendido que no se puede ganar todas todo el tiempo, pero sobre todo, que ni siquiera de él se espera que gane siempre. Porque ha sido capaz de salir de las sequías prácticamente ileso, conservando el capital para seguir.

Porque, por saber reconocer las situaciones que requieren decisiones y actuar a tiempo, aunque eso represente dañar un poco la tan preciada reputación, ha sido capaz de salvar lo que vale la pena salvar, y seguir adelante.

d. Algunos consejos contra las deudas

La falta de dinero y las deudas son la causa número uno de que no durmamos por las noches. Estos son algunos consejos para quienes atraviesan situaciones financieras.

1. Pagar o no pagar.

Aunque no promuevo las salidas fáciles, como **regla de oro,** usted debe dejar de pagar a sus acreedores en cuanto ese pago sea el dinero que absolutamente necesita para producir, para generar. Usted tiene que comprar los suministros para seguir produciendo y generando nuevos negocios o su empresa ¡VA A DESAPARECER! ¿Se acuerda de la historia de la gallina de los huevos de oro? Sólo recuerde esto:

Usted puede pagar con tantos huevos de oro como quiera. Pero nunca, nunca, nunca, entregue la gallina Si lo hace, está perdido. Porque si no puede producir, si no puede construir, si no puede generar más ingresos, ¿Cómo va a pagar sus deudas?

¡Es que si quedo mal a mis acreedores, nunca me darán préstamos de nuevo! Es una posibilidad, pero ahora necesita solucionar algo más urgente e inmediato. Si toma medidas a tiempo, es posible que eventualmente pueda pagar a todos. Y el único interés de sus acreedores es que se les pague. Si ven su esfuerzo y usted les termina pagando, le volverán a prestar, pues usted demostró de qué estaba hecho.

Pero hable con los acreedores; que sepan por qué va a hacer lo que va a hacer. Es importante enfrentar sus situaciones.

2. *Perder o no perder.*

Analice las deudas que involucren hipotecas. ¿Lo están matando los intereses de una propiedad? A la gente le es muy difícil aceptar el principio de que **a veces perder es ganar, y de que al perder algo, en el largo plazo puede que estén ganando.**

En ocasiones sostenemos un activo pagando altos intereses por años, esperando un milagro, y corremos todos los meses consiguiendo el pago, hipotecando otras cosas para no perder lo primero… Y terminamos perdiendo el activo original… ¡y todo lo demás!

Pero además, si suma el principal, más todos los intereses que ha pagado tratando de salvar ese activo, multiplicado por todo lo que dejó de producir por andar pensando en ese asunto elevado a la raíz cuadrado de la vida que perdió y el estrés que acumuló... El dinero se puede recuperar, se puede ganar de nuevo y quizá en mayores cantidades. Pero su tiempo, su energía, su vida... Esas nunca vuelven. Resulta más barato dejar ir ciertas cosas, perderlo esta vez, reorganizarse, respirar, comenzar con bases firmes, hacer dinero de nuevo, y volverlo a comprar, ¡solo para demostrarle al destino!

Y **bajo ninguna circunstancia** pida préstamos para pagar otros préstamos para pagar otros préstamos, para pagar otros préstamos... Sé lo que es ver una deuda de $40.000 convertirse en $100.000, y pasar de la posibilidad de perder un lote a perder dos casas, todo por el orgullo de 'no perder'. Aprenda otra verdad:

> *Unas veces se gana, otras veces se pierde. Nadie espera que usted gane siempre.*

Lo importante es que usted mantenga la cordura y la capacidad de trabajar. Cualquier cosa que pierda, si tanto la quiere, puede recomprarla cuando se haya recuperado. Hay un 50% de posibilidades de que el mercado baje y hasta pueda recomprarla más barato en el futuro, o cuando le haya ido tan bien que ese dinero no sea nada para usted.

3. *Vender o no vender.*

¿Tiene una propiedad que quiere mucho pero que puede producirle algo de efectivo? ¡Véndala! Dijimos que después la recompra si quiere, pero usted necesita flujo ¡AHORA! **PERO,**

> *No venda sus propiedades a menos que haya tomado las medidas necesarias para que el dinero le saque del embrollo. No siga echando agua a un balde que tiene huecos por todos lados. Primero tape lo huecos.*

Si no, en seis meses, va a estar exactamente en el mismo lugar, ¡pero no va a tener la propiedad!

4. Despedir o no despedir.

Analice su planilla. ¿Tiene empleados improductivos a los que no puede poner a trabajar en forma inmediata? ¿O empleados buenos que no están produciendo por toda la problemática, pero que cuando todo mejore va a querer que estén con usted? Casi siempre es mejor que los despida, y les explique. Si usted se salva –y si toma las decisiones difíciles, es posible- quizá más adelante pueda recontratarlos. **PERO use sentido común. Evidentemente, no despida a aquellos vitales para su negocio, o el remedio puede ser peor que la enfermedad.**

5. Cerrar o no cerrar. Analice sus puntos de venta.

¿Tiene que cerrar un local que deja pérdidas todos los meses? ¿Reducir horarios? En 2002, después de que el turismo se fue al piso por el 11 de Setiembre, tuve que cerrar un hotel que perdía $5000 al mes. Fue la primera vez que me involucré en un montón de negocios a la vez (¡y no aprendí la lección!). Mi esposa me decía *"cerremos, dejémoslo ir..."* Yo decía ¡jamás! Diez meses y $50.000 de pérdidas después, le hice caso. Lo cerré ¡y no pasó nada! Hoy en día ni me acuerdo del famoso hotel (me acordé al escribir este ejemplo). Pero como sufrí para dejarlo ir. ¡Y como sufrí perdiendo cada mes los $5000! Por dicha cuando todo pasó, mi esposa no me dijo "te lo dije" ni me reclamó mi testarudez.

Dice Donald Trump que *"parte de ser un ganador es saber cuándo es suficiente. A veces hay que dejar de luchar, abandonar la pelea, y moverse hacia algo más que sea más productivo."*

6. Analice salidas legales.

Si ha estudiado la situación desde todo ángulo y está en un punto demasiado complicado, siempre existen las leyes de protección como la intervención judicial, la reorganización o la bancarrota, que están para ayudarle cuando usted ya no puede sólo. Recuerde a General Motors, Chrysler y Trump. Los más grandes siguen grandes porque saben cuándo pedir ayuda...

Nota: Todos estos ejemplos de Trump los incluí antes de que este señor saliera insultando a todo el mundo, y promoviendo el odio y el racismo para obtener ganancias políticas. Eso para mí, borra cualquier mérito como empresario. Ante todo, en esta vida, uno tiene que ser buena persona.

e. Y calladito se ve más bonito...

Nadie tiene por qué saber lo que le pasa. Ni sus empleados, ni su familia (salvo su cónyuge), ni sus 'amigos' o vecinos, ni mucho menos su bartender o el que le atendió en el restaurante. ¡No se vuelva la 'comidilla' de la ciudad!

Aun en medio de situaciones e incluso si mucha gente ya lo sabe, ¡no lo ande contando a todo el mundo!
Si tiene que perder una finca, cerrar una tienda, o despedir a alguien, hágalo, pero sea discreto. Por la boca muere el pez.

Nosotros mismos -por nuestra falta de discreción-¡nos causamos unos problemas tan serios! ¿Por qué? Porque si la gente se da cuenta de que no andamos muy bien, hasta los acreedores que estaban tranquilos y cuyo plazo no estaba vencido, van a encontrar una razón para exigir el pago. Y lo último que necesitamos es más presión. Requiere mucha disciplina no andar ventilando los problemas con cuanto conocido encontramos en el supermercado. *"Las cosas andan difíciles, el flujo de caja ha estado un poco duro, las ventas andan bajas. Es que la situación anda dura para todos"* ¡Noooo! ¿Qué ganamos con esto? Nada, salvo… ¡No! ¡Nada! ¿Y que perdió? ¡Aún no tiene la menor idea! Pero pronto, más temprano que tarde, se va a dar cuenta. ¿Cómo? Cuando otro acreedor toque a su puerta. Porque –y siempre pasa-, ese amigo le va a contar a alguien más (sobre todo si usted es conocido). Los seres humanos disfrutan hablar de los enredos de otros… Nos hace sentir más 'iguales', sobre todo si andamos en las mismas. Y el mundo, su país, su ciudad, y sobre todo el círculo en usted que se desenvuelve, son extraordinariamente pequeños.

Y ese comentario inocente puede convertirse en la confirmación que estaba esperando su proveedor para no venderle más a crédito; o en la luz roja que esperaba su banquero para no girar la línea de crédito aprobada; o la confirmación que esperaba su cliente para buscar un nuevo proveedor, porque usted está en peligro de ser 'poco confiable'.

Así que "calladito". Si le preguntan, diga que todo está bien. Si saben que anda renqueando, no lo confirme y en lo posible convénzales de lo contrario. Una vez un conocido estaba en 'situaciones' financieras y había cometido el error de permitir que mucha gente lo supiera. Entonces, tuvo una idea un poco extraña. Con sus últimos dólares financió un Mercedes Benz usado –parecía nuevo-, y se dedicó a manejarlo por todos lados. Iba a reuniones y se aseguraba que todos lo vieran. Y cuando le preguntaban *'pero ¿no que estabas en crisis?'* contestaba sonriendo *'¡No! ¡Eso era para negociar mejores términos al banco!'* Y le funcionó. La gente siguió haciendo negocios con él, convencidos de que todo eran rumores. Y eso le dio tiempo de salir de sus problemas temporales, y corregir lo que tuviese que corregir.

Lo cierto es que cuando la gente confirma que está sin dinero, muchos le abandonan, pues quieren estar lo más lejos posible de la "mala suerte". Si para ellos usted representa eso en un momento dado, huirán como del peor de los leprosos. Lamentablemente no sólo los falsos amigos, sino, y eso es lo peor, clientes, proveedores y banqueros.

Y ahora, más que nunca, necesita gente que quiera hacer negocios con usted.

PRINCIPIOS DEL CAPÍTULO

· En negocios hay tiempos buenos y tiempos malos. A veces, las vacas flacas son culpa nuestra (por no cambiar, innovar o trabajar lo suficiente).Otras, una crisis o factores naturales contribuyen a agravar la situación.

· Si la tormenta lo tomó sin el paraguas, recuerde que una actitud negativa sólo atrae más dificultades. Una actitud positiva, o al menos neutral -una actitud de calma-, le va a permitir reflexionar y pensar en buscar soluciones.

· Los malos tiempos pueden tener un aspecto positivo. Son la mejor forma de aprender las lecciones, crecer y fortalecernos. Si llegan, recuerde, ya le pasó a alguien y puede buscar en la historia el cómo salió, o qué errores cometió, para no cometerlos. Pero tiene que estar preparado.

· Su reputación es importante. Pero a veces tratar de salvarla a toda costa, puede convertirse en el último clavo para colgarnos en la pared del fracaso. Piense primero en salvar su trasero. Después preocúpese de salvar su cara. Si usted pierde el primero, definitivamente va a perder también lo segundo.

· No cuente su situación a todo el mundo. La mayoría no le pueden ayudar y lo que van a hacer es comentarlo con otros a sus espaldas. Y no sabe si ese otro era el banquero que le tenía listo un préstamo, y ¡por andar de bocón, todo se cayó!

· Si su "situación" es una deuda que lo está consumiendo, y está comenzando a usar el capital de trabajo para mantenerla 'al día' mientras llega el milagro, está cometiendo un gran error. Deje de pagar a sus acreedores si va a usar el dinero que necesita para generar. Si usted deja de producir, tal vez pague este mes, pero el siguiente va a estar igual o peor. Pero explíquelo a sus acreedores (y no deje que lo convenzan que lo importante es su reputación). Al final, si sale del problema y les paga, algún día le volverán a prestar.

· Usted necesita a sus empleados para producir, y tiene que pagar los salarios. ¿Ha tenido empleados a los que debe el salario, murmurando derrotados, esperando que la compañía quiebre y les digan que es el último cheque? Porque, no se engañe, ellos piensan esto desde la primera vez que no les pagó a tiempo, ¡incluso si en su mente cree que el problema es menor y temporal! O tal vez tenga los salarios al día, pero no tiene herramientas ni suministros porque no hay dinero para materiales o el anuncio que generaría nuevos clientes. Los trabajadores saben lo que usted se niega a aceptar: son expertos en leer la escritura en la pared. Ellos ven su cara y saben si pasó una noche de insomnio. A veces ven el panorama más claro que usted, porque no están esperando el milagro. Están esperando su cheque y durante el tiempo improductivo, buscando otro trabajo. Y no les puede culpar; su trabajo es su única fuente de ingresos. No tienen ahorros, tienen deudas y una familia que alimentar. Así que ¿puede culparlos si usted no es la única preocupación en sus mentes?

· Si tiene que dejar ir a un empleado porque no puede pagarle el salario; si tiene que cerrar un negocio, una tienda o un hotel; o dejar perder una propiedad, porque los pagos o las pérdidas lo están matando ¡hágalo! A veces posponemos lo inevitable, y en el camino, perdemos más y más. Es como arenas movedizas: entre más tratamos de salir, más nos hundimos. El perder algo, en el largo plazo, puede ser ganancia. Perdemos vida, estrés, otros activos, tratando de salvar algo insalvable, en lugar de seguir produciendo o buscando nuevas oportunidades que nos permitan, algún día, recomprar eso que perdimos (¡si tanto lo añoramos!). Conrad Hilton, fundador de los hoteles Hilton, perdió sus hoteles durante la depresión de 1929. A pesar de este tropiezo siguió trabajando como administrador de los mismos, hasta que pudo recomprarlos.

· Aún ante un fracaso, nunca olvide que casi todos los más grandes empresarios de la historia –como Hilton- perdieron sus fortunas una o más veces. Es como podar una planta: para que crezca aún más fuerte, hay que quitarle las hojas en exceso. La vida usa esta tijera (y si usted es la planta, ¡duele!) para quitarle todo lo que se le ha ido pegando. Es una manera quizá cruel, de eliminar los insectos que chupan de su savia (¿le suena conocido?). Vicios, errores, "conocidos", exceso de equipaje... Pero recuerde que lo más importante de una planta es su tallo, su corazón. Mientras el tallo este vivo, la planta está viva. Y podrá volver a crecer aún más grande que antes.

LEY #11.
Concéntrese en las Soluciones.

a. Deténgase, piense y reorganícese

Decíamos que usted tiene que aprender a actuar a tiempo. **Y para hacerlo,** a fórmula comienza en tener la fortaleza y el carácter para tomar a tiempo las decisiones que se deben tomar, no importa que tan incómodas o duras sean.

Cuando esté en medio de una situación difícil (de corazón espero que nunca le toque algo así), o si se encuentra con las vacas flacas (que además, generalmente, ¡son feas!), el primer consejo que puedo darle para que pueda torearlas sin recibir una cornada es: ¡DETÉNGASE Y PIENSE!

Está bien que luche, patee, muerda y pellizque... Pero sepa cuándo parar a tomar aire y ver qué tan efectivos han sido los pellizcos. A veces estamos tan ocupados pellizcando, que no nos damos cuenta de que todo ese tiempo atacábamos al monstruo exactamente en la coraza. Tal vez cuando paramos, veamos el punto débil donde tenemos que atacar...

Por eso, mantenga la calma. No entre en pánico. Deje de remar desesperado tratando de salir de la tormenta. Deje de intentar abrir el horno para salir del fuego sin pensar primero hacia qué lado está la puerta. ¡Deténgase!

Ahora, busque un poco de paz y siéntese a pensar. En medio de la tormenta; o del fuego sintiendo el calor; o en el foso de los leones, nadie puede pensar, porque está obsesionado en sobrevivir.

No sólo no piensa claramente, sino que no trabaja suficiente, no duerme suficiente, no crea, no innova, no ve las oportunidades y a veces, ni reconoce los milagros.

No olvide que fue su visión y su creatividad lo que lo llevó a grandes cosas, y por eso tiene que encontrar una manera de reconectarse con eso, incluso si parece que va cayendo de cabeza y se va a dar contra el piso.

Por eso, respire profundo, y como decíamos en el capítulo anterior, prepárese a reorganizar su vida y sus negocios, porque probablemente, ¡hay algo que está haciendo mal!

Quizá el milagro que los pensadores positivos esperamos puede ser que usted se siente, analice todo, y descubra a tiempo lo qué hay que hacer para salvar la empresa.

Aquí, le voy a permitir que llore un poco. Sé que duele mucho. Pero sepa que cuando las lágrimas se acaben tiene que ponerse a trabajar. Porque quizá el milagro es que usted finalmente, en una muestra de carácter, tome las decisiones que tiene que tomar sin importar cuán duras sean.

Su capacidad de sobrevivir a las dificultades es directamente proporcional a su capacidad de detenerse, pensar y tomar decisiones sin importar que vayan a pensar los demás o si sus amigos se van a reír de usted y murmurar que ya no es tan exitoso. Porque si no toma las decisiones duras; y sigue haciendo lo que está haciendo...

b. Dirija su talento y energía a las soluciones

Sé lo que está pensando. *Fácil decirlo, pero difícil hacerlo. Si tan sólo yo supiera por lo que está pasando, ¿cierto?* Créame, lo entiendo más de lo que cree. Aunque no le voy a contar toda mi historia, porque lloraríamos juntos, si un consejo puedo darle es:

> *No importa cuántas situaciones tenga, si solo piensa en ellas, no va a llegar a ningún lado. Se va a paralizar. Y la parálisis solo trae más complicaciones, pues usted atrae lo que piensa.*

En vez de seguir paralizado, concéntrese cada mañana en encontrar al menos UNA solución. Cuando hablo de situaciones, hablo de las grandes, de aquellas que requieren de toda su atención y de su fuerza. Porque pequeñas emergencias surgen todo el tiempo, y tendemos a engañarnos resolviendo sólo eso, y dejando para nunca los asuntos verdaderos.

"Es que no puedo, no tengo tiempo..." Usted sabe que eso es falso. Deje de jugar solitario en la computadora, siéntese, y piense. Da miedo, yo sé. Da tristeza, yo sé. Da cólera, porque generalmente todo empezó por un error que cometimos o una mala decisión que tomamos, y no debimos tomar.

'Y si dejo de pensar en eso tal vez se esfuma' **¡No!**

'¿Entonces?' Entonces, tome una hoja de papel. Apúntelo. Da escalofríos de solo verlo escrito. Pero allí está. Es real y no se va a ir a menos que usted lo venza. Y para vencerlo, tiene que escribir toda posible solución que se le ocurra. ¿Tiene que llamar a alguien y pedirle un favor, pero le da vergüenza? Apúntelo. ¿Tiene que llamar al abogado y pedirle que inicie la demanda? Apúntelo. ¿Tiene que llamar a su cliente y decirle que no puede entregarle el producto? Apúntelo. ¿Tiene que llamar al acreedor, pedir más tiempo, explicarle la situación en vez de esconderse? Apúntelo.

Y durante todo este proceso, bloquee los pensamientos negativos. Usted sólo puede pensar en una cosa a la vez. Si son cosas positivas, no puede pensar en algo negativo. Los pensamientos negativos van a luchar para volverse a meter, brincando, como pantallas "pop-ups" de Windows. Está en usted poner el filtro para permanecer positivo.

No pierda de vista que hasta los patriarcas en la Biblia enfrentaron situaciones que parecían insolubles. Abraham, Isaac, Jacob, y Moisés, -que hablaban con Dios- pasaron por sequías y períodos de desesperación. Patriarcas modernos como Steve Jobs, durmieron en pasillos sin tener qué comer... Nelson Mandela estuvo en una cárcel, torturado, esperando la muerte, por veintisiete AÑOS. Pero si los grandes pudieron vencer a la sequía, ¿por qué se sigue diciendo que no puede?

Deje de mandar órdenes negativas a su cerebro, y póngase a buscar soluciones. Si de verdad se encerró en su oficina, apagó el celular, y concentró todas sus energías, algo va a salir, alguna respuesta va a aparecer. Si no encuentra la solución mágica, al menos va a aclarar el panorama, y con suerte hasta se dé cuenta de que al final no era tan grave.

Estoy seguro que después de hacer una lista de soluciones, algunas van a parecer imposibles, otras casi "milagrosas", pero quizá pensó en algo que no se le había ocurrido. ¿Y por qué no se le había ocurrido? Porque sólo pensaba en lo malo. Las dificultades tienen carga negativa y mientras usted esté estresado, con gastritis, y sintiendo que es el fin del mundo, las soluciones -que tienen carga positiva-, no pueden acercarse a una mente cargada negativamente. Es un principio de física cuántica. Pero si la carga es al menos neutro (o sea, de alguna manera se coloca por encima de sus dificultades por un rato), las soluciones pueden aparecer.

Lo reto en este momento a tomar una hoja de papel.

¿Qué es lo más grave que usted está enfrentando?

¿Qué es lo que no lo deja dormir ni ser feliz, que no lo deja sonreír a sus hijos cuando ellos tratan de ganar su atención? Apúntelo en detalle. Con su puño y letra. Cuente la historia...

Luego, apenas termine de leer estas instrucciones, cierre sus ojos y visualice un recuerdo positivo, un momento positivo.

¿Cuál fue un momento en que la fortuna le sonrío, y se sintió muy exitoso?

¿Cuál fue un momento tan feliz en su pasado que aún hoy se acuerda y sonríe?

El mío es cuando nació mi hija, y la tuve por primera vez entre mis brazos... ¡Qué felicidad! Reviva esos momentos... Respire hondo. Si quiere, haga una pequeña oración, y pida guía (o si cree que puede hacerlo sólo, ni modo, hágalo sólo).

Y ahora que está positivo, llame las soluciones, piense en soluciones, apunte todo lo que se le ocurra.

Pare. No siga leyendo. ¡Hágalo ya!

PRINCIPIOS DEL CAPÍTULO

• Su capacidad de sobrevivir es directamente proporcional a su capacidad de detenerse, pensar y tomar las decisiones sin importar nada más. En el centro de la tormenta, ni usted ni nadie puede pensar, porque está obsesionado en sobrevivir. Entonces no trabaja lo suficiente, no duerme lo suficiente, no crea, no innova, no ve las oportunidades y, a veces, ni siquiera reconoce los milagros que lo llaman a la puerta.

• No espere a caer tan profundo en los problemas que sólo un milagro pueda salvarlo. Actúe a tiempo Una vez que tiene su lista de posibles soluciones, ¡Actúe! Haga las llamadas que tiene que hacer. Busque la ayuda que tenga que buscar. Pida los consejos que tenga que pedir. Pero hágalo. Durmiendo hasta tarde y jugando solitario sólo va a extender el sufrimiento.

• La diferencia entre éxito y fracaso al enfrentar a los problemas, está en el cómo los enfrentemos; en el cómo nos programemos para la batalla. Si piensa que lo van a liquidar, está liquidado: no lo salva ni Sansón. Pero si piensa que saldrá adelante, sale adelante. Es difícil aceptar esta filosofía de que los pensamientos son cosas y que somos arquitectos de nuestro propio destino por lo que pensemos, sea positivo o negativo. Pero aunque sea difícil de aceptar, ¡ES CIERTO!

• La Mala Fortuna es una dama perezosa. Si alguien se le pone muy difícil, mejor se va y busca otro que si acepte la derrota. De por sí ¡de esos hay tantos!

LEY #12.
BUSQUE AYUDA DE LA INTELIGENCIA INFINITA; PERO ¡CON INTELIGENCIA!

"Los sentimientos religiosos del científico toman la forma de un eufórico maravillarse ante la armonía de la ley natural, la cual revela una inteligencia de tal superioridad que, comparado con ella, todo el pensamiento sistematizado y toda actividad de los seres humanos es un reflejo absolutamente insignificante." Albert Einstein

Tuve que meditar mucho antes de incluir un capítulo que mencionara a Dios en un libro de negocios. Le llamé "Inteligencia Infinita", porque la mayoría ven la palabra 'Dios' en el índice, se asustan y compran el libro que sigue. Creen que si habla de Dios probablemente es aburrido y me va a tratar de convertir...

Pero si ven que habla de 'Energía que Fluye', 'Energía Universal', 'Fuente Universal' 'Mente Única', 'Espíritu Supremo', 'Poder Supremo', 'Inteligencia Infinita', 'Naturaleza' 'Sustancia' o 'Materia', lo compran sin problema convencidos de que seguramente está lleno de sabiduría...

Y es que en esta sociedad se ha vuelto tan poco "interesante" hablar de Dios. Es casi socialmente inaceptable. Los que alcanzamos cierto éxito nos llamamos 'pensadores modernos' que creemos 'a nuestra manera', y de allí que prefiramos hablar de "Energía Universal".

¿Por qué? Porque nos da miedo todo el asunto de Dios. Vemos tanta gente metida en religión que se creen dueños de la verdad absoluta y con derecho a demostrar superioridad moral, que el tema se nos hace molesto. Y tenemos la idea de que cualquiera que nos hable de Dios es porque quiere llevarnos a cantar Aleluyas a algún templo, y ya no vamos a poder ni tomarnos un traguito, ni contar un chistecito, ni bailar apretadito; y todo se va a volver aburridito... Y al concentrarnos en estereotipos y problemas superficiales, perdemos de vista el verdadero significado de ese Poder Supremo.

a. Acérquese a Dios por los motivos correctos

Hay momentos en la vida en que, a pesar de todo lo que sepamos o hagamos, o de cuanto pensemos en el éxito, nos desviamos del camino, nos atacan las *'situaciones'*, y nos sentimos solos, desesperados, y no vemos la salida.

Y porque no entendemos que Dios es algo mucho más grande que los estereotipos o que los lugares o las personas que dicen o creen representarlo (y que al final no son más que seres humanos, y que como usted o yo están llenos de defectos), dejamos de acudir a Él y nos alejamos de un poder infinito que sin duda, puede ayudarnos tanto en los malos tiempos, como en los buenos.

Yo decidí buscar ese poder.

Fui uno de los que muchos que en esta crisis mundial, cuando estuve cansado y abatido por las vacas flacas, acudí desesperado rogando por la salida rápida.

Fui uno de los que tenía diez años de no ir a una iglesia, y que de pronto empecé a ir todos los domingos.

Fui de los que comenzó a ir a estudios de biblia los lunes y los jueves, porque quería que *el de arriba* viera cómo había cambiado...

De los que no entendía que en esos momentos de situaciones -los momentos vulnerables-, es cuando se debe tener más cuidado, y buscar a Dios por los motivos correctos.

Debo confesar que al principio lo hice sólo para ver si Dios me ayudaba *'rapidito'*, fácil, sin dolor... Porque en el fondo pensaba *'eso sí, o me ayuda rápido o dejo de creer y de ir a la iglesia."*

Un error gravísimo que se tiende a cometer --cuando no se entiende el verdadero sentido de acercarse a Dios--, es creer que por cantar una canción, tenemos el 'derecho adquirido' de simplemente sentarnos y esperar por un milagro.

Conseguimos un guía espiritual que nos dice que como Dios nos ama, nos va a sacar de los problemas ¡sin esfuerzo de nuestra parte! Pero aunque el Supremo puede darnos salidas fáciles –e imagino que habrá aquellos a los que se la habrá dado-, no es lo que generalmente pasa.

O peor aún, encontramos el que trata de vendernos un milagro. Sobre esto hace poco escuché de un autor una advertencia:

La Buena Suerte y los milagros ni se compran ni se venden.

Tenga cuidado con aquellos que tratan de vendérselos.

En fin, ¡este es un tema tan complicado! Sé y me consta que en ocasiones estamos tan desesperados que creemos todo lo que le dicen, nos cruzamos de brazos, y nos sentamos a esperar... Conozco muchos que lo han hecho. Yo mismo aprendí de la manera dura que así no es cómo funcionan las cosas. Por eso no quiero que usted cometa ese error.

b. La salida requiere de trabajo y esfuerzo

El genial motivador Jim Rohn decía: "Usted está exactamente donde se merece estar; y tiene exactamente lo que merece tener. Y si no quiere estar allí, ¡CAMBIE!"

Si usted cometió error tras error, fue descuidado, irresponsable, orgulloso (¡estoy tratando de acordarme de qué otros pecados cometí!), y le fue mal, DEFINITIVAMENTE **NO**

ES porque Dios lo está castigando. **NO.** A Él no le gusta castigarnos.

Nosotros nos buscamos los resultados con nuestras acciones.

Y como no se trata de un castigo divino, si usted está en *situaciones*, el único secreto para salir es tratar de entender cuáles fueron sus errores, y no cometerlos más. Dicen por allí, y yo he llegado a aceptar, que el propósito de los malos tiempos y de las situaciones es que aprendamos y crezcamos.

 Jesús explicó esto cuando le dijo a un hombre que sanó "Ve y no peques más", con lo cual le estaba diciendo: "Si sigues haciendo lo mismo, te volverá a pasar lo mismo".

Sí, es bueno comunicarse con Dios -la Fuente de Todas las Cosas-.

Es bueno buscarlo independientemente de los negocios. Como ser humano se crece y se mejora. Esos son los motivos correctos. Y no me queda duda de que si usted lo busca, si le pide ayuda, Él le va a responder y le va a ayudar.

Pero, ¡**no espere un cheque en el correo!** Tampoco espere resultados inmediatos. *Hago una oración por la mañana, ¡y por la tarde todo está resuelto!*

La fe no va a librarlo de los problemas en forma inmediata; la fe lo que hace es ayudarlo a navegar sin hundirse. Y si es parte de Su plan, Él le iluminará las ideas y las oportunidades, o le pondrá en el camino de las personas correctas. No importa lo que esté sucediendo ni que tan serio sea el problema en el cual está metido, no hay mal que dure cien años, y por más malo que parezca todo, en un año, dos o cinco, pasará, y un día será solo un mal recuerdo. O un buen recuerdo, si aprendió las lecciones y se hizo más fuerte.

Pero aunque Dios *'alimenta a los pajaritos del campo', y* muchos piensan que eso es un ejemplo de que*, ¿para qué esforzarse tanto?', en realidad 'es porque no se acuerdan de* *que el pajarito madruga tempranito para buscar el gusanito',* como dice mi amigo Eric.

> *Los gusanos no llueven del cielo. Tampoco las soluciones.*
>
> *Lo peor que puede hacer es dejarse derrotar, dejar que se le esfumen los sueños e ilusiones; y acostarse en una cama y tan sólo limitarse a orar por un milagro.*

Según Napoleón Hill las oraciones hechas en un estado mental negativo y de derrota simplemente no son contestadas. Como lo hacemos como último recurso, cuando finalmente oramos lo hacemos sin fe, sin creer que la solución es posible.

Si a pesar de todo lo que le he dicho, usted insiste en buscar a Dios sólo cuando está en problemas —como tendemos a hacer la mayoría-, le recuerdo que usted no debe esperar que Él haga el trabajo por usted o que resuelva los problemas de la empresa por usted.

Que enfrente a sus acreedores y le reestructura las deudas.

Que mejore su mercadeo (aunque le ilumine ideas, usted tiene que llevarlas a cabo).

Que ajuste los costos, haga las llamadas por usted, o consiga mejores proveedores.

Que despida los empleados que le están robando o a deshacerse del socio que escogió mal, mientras usted está en la iglesia.

¡No es así! Para eso Él lo hizo a usted perfecto desde su creación y puso dentro de usted TODO lo que necesita.

Él lo va a ayudar, le dará fuerza, y quizá, de vez en cuando, un milagrito, para que usted sepa que está allí observando, y que no está solo ni desamparado. ¡Pero a usted le toca trabajar!

Mi hija, con su sabiduría poco común, me puso un ejemplo a sus siete años: *"Dios nos da el martillo y los clavos. Pero*

nosotros tenemos que conseguir la pared, levantar el clavo,
levantar el martillo, y clavarlo."

No cometa el error de buscar a Dios para que lo saque de
las situaciones en que usted mismo se metió. Búsquelo para
que le de paz, calma, ideas, inspiración y sabiduría, para que
usted, con esa capacidad que Él le dio, encuentre respuestas y
soluciones. Porque existen. Y si se pone en acción y se enfoca,
las va a encontrar.

Y en eso, amigos, radica el milagro verdadero.

Así que ¿por qué esperar a estar en medio de las dificultades
para acercarse?

Aunque no pretendo poseer la verdad absoluta ni clamo
haber recibido una "revelación", quiero que recuerde que Él es
la fuerza del universo, la inteligencia infinita que inspira y da
claridad, y si usted se deja guiar y está dispuesto a cumplir con
su parte, las soluciones llegarán.

PRINCIPIOS DEL CAPÍTULO

• El 90% de las personas creen que Dios es importante en sus vidas, y un 72%, que es importante en los negocios. No le de vergüenza, ni miedo buscar su ayuda.

• Si usted está en dificultades, no se deje engañar por aquellos que le dicen que ore un poquitito, compre un milagrito, les dé un diezmito, se cruce de bracitos y todo se va a solucionar. Recuerde que si se queda en un sillón, por más que rece, los problemas no se van a hacer más pequeños ni a desaparecer. Seguirán creciendo un poco cada día. Si los enfrenta temprano, los va a enfrentar pequeños. Pero si se espera y lo hace más tarde...

• Busque a Dios porque le va a traer paz, y esa paz lo va a hacer más eficiente en la búsqueda de una salida a su laberinto personal. Todo es siempre es más fácil si sabe que algo más grande que usted lo está acompañando. · Mi esposa y yo oramos, hacemos una pregunta o pedimos una guía específica, y abrimos la Biblia en el primer lugar que sentimos. Y recibimos siempre ¡unas respuestas tan increíbles! Pero cualquier salida, cualquier solución, cualquier idea, requiere esfuerzo. Dios le iluminará ideas, le pondrá en el camino de las personas correctas o le traerá oportunidades, pero está en usted maximizarlas.

• Buscar a Dios no significa vivir en penitencia ni perder un poco nuestra esencia. Por eso, siga sonriendo, bailando, y contando buenos chistes. Estar contento mejora la salud y le da mayores posibilidades de tener ideas frescas. Y son esas ideas frescas las que le permitirán al fin de cuentas, ser uno de esos grandes empresarios.

FIN

www.ingramcontent.com/pod-product-compliance
Lightning Source LLC
Chambersburg PA
CBHW072027190526
45166CB00015B/522